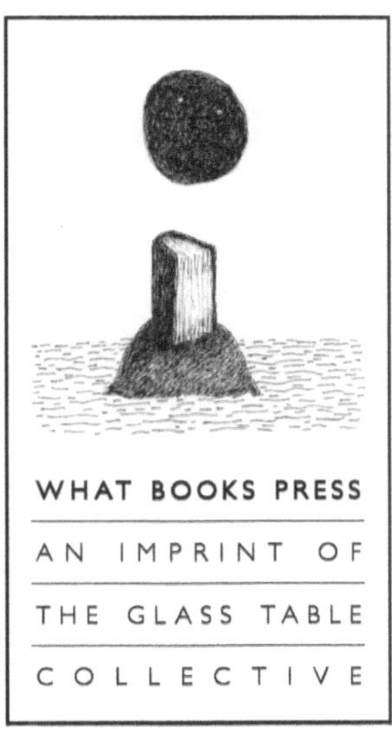

WHAT BOOKS PRESS

AN IMPRINT OF

THE GLASS TABLE

COLLECTIVE

LOS ANGELES

A GIANT CLAW

GRONK

Foreword by
GAIL WRONSKY
Translated by Alicia Partnoy

WHAT BOOKS PRESS

LOS ANGELES

Publisher's Cataloging-In-Publication Data

Gronk, 1954-
    A giant claw / -- Gronk.

    p. : chiefly ill. ; cm.

    Drawings based on the story and characters of the 1957 science fiction movie, The giant claw.
    ISBN-13: 978-0-9823542-8-5
    ISBN-10: 0-9823542-8-2

    1. The giant claw (Motion picture)--Art. 2. Science fiction films--Art. I. Title.

N6537.G76 A4 2010
759.13   2010928216

What Books Press
23371 Mulholland Drive, no. 118
Los Angeles, CA 91364

WHATBOOKSPRESS.COM

Cover art: Gronk, *Fleshdeath*, mixed media on paper, 2009
Book design by Ashlee Goodwin, Fleuron Press.

A GIANT CLAW

FOREWORD: GRONK DRAWS A BOOK

BY GAIL WRONSKY

IF "LANGUAGE IS A VIRUS from outer space," as William Burroughs has it, then perhaps like the big, loopy bird in the 1957 sci-fi movie *The Giant Claw*, Gronk's inspiration for this book of drawings, the virus of language is trying to destroy us! In one way it does destroy us, language—it gives us selfhood, identity, irreversibly separating us from our polymorphous, undifferentiated, synesthesiacal infancy. When we acquire language, we acquire the "I," thus acquiring loneliness and disappointment. "Mama" is not part of us; she is a separate person. "Kitty" is not just a joyous sound to shout out into the universe, but a sound that refers to the orange tabby being chased from the crib. "Breast," well, that becomes something much more complicated than the warm thing that feeds us. And like the most powerful viruses, once we get language, we can't get rid of it. We can never return to the preverbal state. We can never look at an object with pure vision, without thinking of its name, or filtering the picture through language nets, through value systems. Mitch MacFee, the movie's protagonist, will never find a cure for language, or shoot language from the sky; language won't sink to the bottom of the ocean, claws upright, twitching.

Unless, perhaps, you turn it into drawing.

———

In *The Giant Claw*, made by Sam Katzman, the monster, a bird "bigger than a battleship" that "comes from some godforsaken anti-matter galaxy light years and light years from earth" is so badly rendered it's beyond comical. In fact, when the movie premiered, lead actor Jeff Morrow (Mitch), who hadn't yet seen any of the special effects, slipped out of the theater early so no one would recognize him. This movie, says Gronk, "is my *Citizen Kane*," in tribute to which, partly, he has created this book.

What I find interesting about *The Giant Claw* is that it's kind of good, despite the hilarious and grotesque cheapness of the monster-bird. I mean, this thing is a papiér-mache head with silly, bulging eyes and a stringy mohawk stuck on a badly made stuffed animal covered with turkey feathers. And we're supposed to believe it flies faster than the speed of light! Maybe it's because the actors had no idea how laughable their "flying beast out of prehistoric skies" would be that they manage somehow to convince you they're taking it all very seriously. And maybe that's what pleases Gronk so much—something about the movie serving as an emblem of an artist's relationship to the universe: do your work, do it well, despite the fact that all around you giant, clumsy monsters are trying to snatch you up and eat you. Ok, maybe not.

But there is a space carved out by Gronk in these drawings that overlaps or intersects with that B monster-movie space. I've been trying to figure out precisely what it is. The drawings are, to my mind, rather sublime—in ways that monster movies clearly aren't. The differences couldn't in some ways be vaster—his technical skills clearly place him on a different planet from, if not in a different dimension than, B movie filmmakers. (I think it IS a different dimension, technically speaking: drawing and film. Or is it? See the drawing on page 15, "A Film.") Intellectually, although I don't think Gronk ever identifies himself as an intellectual, he's also light years away from these guys. And yet, there's a moment in *The Giant Claw*—the final moment, in fact, that offers something almost transcendent. At the end, the creature has been killed and falls into the ocean, sinking slowly until all that's left above the surface of the water is, what else, the giant claw. It's poignant, the way the huge thing, which is probably in reality about 2 feet high, goes down—like a tree, almost, disappearing into the faceless sea. Like the last living thing on earth. Like our most primitive, gnarled, hopeless, doomed dream—sinking, while clawing the empty sky. I mean it: it's so bad there's a part of it that goes right through your heart, even though your more sophisticated self is laughing, superior.

But that's not what happens with Gronk's drawings. Because even when they're humorous (see page 11, "Story Boar Bore"), we're never superior to them; we're confidantes, insiders, privy to the implications of the verbal and visual puns. The subtleness and elegance of the hand that creates these drawings delights, charms, and impresses; unlike having a soft spot for B movies, admiring them is not a guilty pleasure.

———

Drawing, for Gronk, IS writing, or perhaps writing is drawing. And so he has drawn a book. I would call it a book of poetry, if I had to choose a genre, because it's written in a language of images, because each page has the kind of organized fragility that poems do. Someone else might call it a postmodern, nonlinear novel, or a book of art criticism…There are declamatory divisions of line and space here, narratives of metamorphosis, the creation of a new aleph-bet made of quirky symbols (from outer space?). Do they infect? Yes. And yet the infection has more to do with those elements of emotion, quality, and strikingness Kant describes as being analogous to the beautiful than with Burrough's language virus. In that way, Gronk's "text" is gentler than language—it depicts negotiations between public and personal materials, but the personal doesn't always lose out to the social power of the dominant code (as it does, I would argue, in writing). Here, when language is inserted, it is inserted irreverently—to be toyed with, or seduced, or trumped by visual diction, starting with page one, on which we see an eponymous giant claw in the sky above a diminutive battleship, already barely distinguishable from the sea into which it will most certainly be dropped when the monster bird is finished with it. A caption, notable for its (mis)spelling, reads, "BIGGER THEN A BATTLESHIP." The effects of what appears to be a mistake are multiple. For one thing, it reiterates the childlike aspect of the image, immediately eradicating any possibility that a viewer might suspect Gronk of pretentiousness or artsy sophistication. It devalues language, as if it's just not important enough to bother with getting right. It suggests, if only slightly, in the same way that the name "Gronk" does, that the artist is a kind of alien— that English is not a first language, perhaps (is Martian?). It thumbs its nose at anal, academic, critical preoccupations with correctness. The artist can do what he wants; the artist can spell words any which way, as poets have done (think

e. e. cummings, or César Vallejo). It also introduces the idea of narrative, which is why, I think, Gronk wanted this to be on the first page of his book: first we get "bigger," "*then*" we get "a battleship." One thing then another thing, which is how stories are told.

Not every page has a title, or caption, or text. But enough of them do so that we "read" even the pages without words. We read allusions to story-driven forms such as graphic novels (pages 5, 44), comic strips (page 8 to10), myth (page 72), and opera (page 74). We read clusters of images (pages 56, 63) as if they were poems. But there's always a playful tension between erudition and naiveté—the allusions aren't meant to be studied but rather, I believe, inhaled, tasted, or otherwise delighted in.

Three of my very favorite drawings here derive much of their affect through precisely that tension. "Cubist Jell-o, 'bizarreries cubiques'" (page 6) is and is not, technically, a cubist drawing. It suggests a mobile à la Alexander Calder, and at the same time suggests a dessert tray of skewered jello cubes created by, say, Donna Reed. Somehow it goes beyond the postmodern penchant for mixing high and low culture by appearing to present both options as simply and equally acceptable and accessible. At the same time the drawing is neither mobile nor food but a kind of indecipherable written language from outer space—a wordless poem, a net of shadowy nodes, a fretwork.

"Indeed neue sachlichkeit" (page 22) also displays Gronk's puckish dance between erudition and naiveté. *Neue sachlichkeit*, or New Objectivity, is a 20th century German art movement that includes realist painters Otto Dix and George Grosz as well as magic realists Heinrich Maria Davringhausen and Christian Schad—both groups motivated by rejection of the emotional aggressiveness of German Expressionism (think Emil Nolde's smoldering palette).

In Gronk's drawing a human figure seems to be working on, fixing or building, a pipe-like object with an enormous phallic horn—the horn casting a small shadow on the ground. It IS drawn in a New Objectivist fashion with bold outline, and is pretty straightforward as far as the rendering of man and object are concerned (we're not confused, for example, as to where the drawing begins and ends). And the image could be read as a kind of social commentary: the man could be seen as working class; his occupation is apparently meaningless. (Saying this I feel a little bit like the poetry student I had once who wanted to argue that Emily Dickinson's poem "I'm Nobody," a lyric defense of anonymity, was a political comment about slavery and the Civil War. Some readings are so overdetermined as to be flat-out wrong.) The drawing could also be seen as magic realism because, after all, what is the object which bends kind of like an arm but has a horn or phallus and ends in an apparently arbitrary but somehow industrial ring shape. It's part-organic, part-technological (making it steampunk?), and its scale seems, somehow, not to be believable—as if Gronk had drawn a human figure standing next to and being the same size as a kitchen appliance. Well, as he says, *indeed*, a possibly poisonous indictment of the pretentiousness and ultimate irrelevance of art criticism. (*Comme il faut, oui?*)

My third, and probably most, favorite drawing in this book is "NOW ABOUT YOU?" (page 27). In this one a tree which seems to have its top and two limbs almost completely severed off is flanked by two floating, sparkling gems—diamonds probably. It's a portrait of martyrdom and suffering (there's something crosslike about the tree) *and* of stardom, glamour, success. Here's a self-portrait, here's me, Gronk seems to be saying—now tell me about you, as if you have anything that might top this, as if you could say anything more poetic, more revelatory, more succinct, or moving. It's a sly and, I think, brilliant example of pre-emptive one-upmanship, and yet it also manages to be gentle—a fun play on conversational position-jockeying rather than any kind of serious challenge. Or maybe not. Maybe reading it as gentle fun is to fall prey to Gronk's charm at the expense of his seriousness. Reading the image seriously, it becomes a metaphor for, an emblem of, the artist as both maimed and visionary. Finally though, I believe Gronk refuses to come down solidly on either side, light or dark, funny or profound, which is one of the things I love so much about him.

In her book *Lyric Poetry: the Pain and the Pleasure of Words* (Princeton University Press, 2007) Mutlu Konuk Blasing writes: "The poet accepts the intimacy of the symbolic and recalls, in the sounds of words, a prehistoric intimacy of the body and language, both dissolving and reinstituting symbolic language as 'beautiful illusion.'" I want to argue that in this book of poetic drawings, Gronk accomplishes something similar. Certainly we find a "prehistoric intimacy of the body and language" here, as well as an "intimacy of the symbolic," the term symbolic meaning, for me, I suppose, anything representational which can be experienced by us as something simultaneously remembered and forgotten, something simultaneously arriving and vanishing from view. Look at "BETWEEN THE LINES" (page 26). It's an allegory of reading: in the empty spaces between lines of text there are gardens of shapes; there's a profusion of growing, organic and hieroglyphic, forms; there is non-verbal writing. Gronk's drawings create a space in which our hard-to-access preverbal selves are reminded that the world we experience through language is "beautiful illusion," that body and form are constantly in flux, constantly being dissolved and reinstituted.

And what does any of this have to do with *The Giant Claw*—with Mitch MacFee and Mademoiselle Mathematician, the valiant actors Mara Corday and Jeff Morrow, the cheesy home-made monster from outer space? I think, maybe, finally, Gronk might just really like the movie.

PREFACIO: GRONK DIBUJA UN LIBRO

TRADUCCIÓN DE ALICIA PARTNOY

SI "EL LENGUAJE (FUERA) UN VIRUS del espacio exterior", como
afirma William Burroughs, entonces quizá—del mismo modo que el gran
pájaro loco de la película de ciencia-ficción *The Giant Claw* (La garra gigante),
de 1957, que ha inspirado este libro de dibujos de Gronk—¡el virus del lenguaje
está tratando de destruirnos! De algún modo nos destruye: el lenguaje nos da
individualidad, identidad, irreversiblemente nos separa de nuestra infancia
polimórfica, indiferenciada y sinestética. Cuando adquirimos el lenguaje,
adquirimos el "Yo", adquiriendo por ende la soledad y el desengaño. "Mamá"
no es ya una parte nuestra, es una persona aparte. "Minino" no es solamente
un alegre sonido para gritar al universo, sino el sonido que se refiere a ese gato
rayado que tenemos que espantar de la cuna. "Pecho", en fin, se convierte en
algo mucho más complicado que esa cosa tibia que nos alimenta. Y como
sucede con los virus más poderosos, una vez que adquirimos el lenguaje, no
podemos deshacernos de él. Nunca podemos retornar al estado preverbal.
No podemos nunca mirar a un objeto con una visión pura, sin pensar en
su nombre ni filtrar la imagen a través de las redes del lenguaje, a través de
sistemas de valores. Mitch MacFee, el protagonista de la película, nunca
encontrará una cura para el lenguaje ni le disparará al lenguaje desde el cielo; el
lenguaje no se hundirá en el fondo del océano, retorciéndose, garras arriba.

A menos que, quizá, se pueda convertir en un dibujo.

En *The Giant Claw*, de Sam Katzman, el monstruo, un pájaro "más grande que un acorazado" que "viene de alguna galaxia de antimateria olvidada de la mano de Dios y a años y años luz de la tierra" está tan mal concebido que va más allá de lo cómico. De hecho, en la premier de la película, el actor principal, Jeff Morrow (Mitch), que no había visto todavía ninguno de los efectos especiales, se escabulló del cine antes del final para que nadie pudiera reconocerlo. Esta película, dice Gronk, "es mi *Ciudadano Kane*", a cuyo tributo, en parte, ha creado este libro.

Lo que me parece interesante de "La garra gigante", es que de cierta manera, es buena, a pesar del graciosísimo y grotescamente barato pájaro-monstruo. Me refiero a esa cosa que viene a ser una cabeza de papel maché de estúpidos ojos saltones y un fibroso copete estilo mohawk, pegada sobre un muñeco relleno mal hecho, con forma de animal y cubierto de plumas de pavo. ¡Y se supone que creamos que vuela más rápido que la velocidad de la luz!. Tal vez porque los actores no tenían idea de cuán risible era esa " bestia voladora de los cielos prehistóricos" se las arreglaron para, de algún modo, convencernos de que se toman todo muy en serio. Y quizás eso es lo que le agrada tanto a Gronk, el que la película actúe como un emblema de la relación del artista con el universo: el artista cumple con su trabajo, lo hace bien a pesar de que a su alrededor haya monstruos torpes tratando de atraparlo y comérselo. Bueno, quizás no.

Sin embargo, hay un espacio abierto por Gronk en estos dibujos que se superpone o entra en intersección con el espacio de las películas de monstruos serie B. He estado tratando de dilucidar precisamente qué hay allí. Los dibujos son, a mi parecer, bastante sublimes, de una manera en que las películas de monstruos no lo son. Las diferencias no podrían ser más abismales: su habilidad técnica lo coloca claramente en un planeta diferente, si no en una dimensión diferente a la de los cineastas que hacen películas serie B. (Pienso que técnicamente hablando SON dos dimensiones diferentes: el dibujo y la película. ¿O acaso no lo son? Miremos el dibujo de la página 15: "A film").

Intelectualmente, a pesar de que no creo que Gronk se autocalifique de intelectual, él también está a años luz de esta gente. Y sin embargo, hay un momento en "La garra gigante", de hecho el momento del fin, que ofrece algo casi trascendental. Al final, han matado a esa criatura y cae al océano, hundiéndose lentamente hasta que todo lo que vemos sobre la superficie del agua es ¿y qué otra cosa podría ser? una garra gigante. Impresiona la manera en que esta cosa grandísima que probablemente en realidad mida no más de 60 cm, cae como un árbol, casi, hasta desaparecer en un mar sin rostro. Como si fuera lo último vivo sobre la tierra. Como nuestro

sueño más primitivo, intrincado, desesperanzado y condenado al fracaso, se hunde
mientras extiende su garra hacia el cielo vacío. De verdad: es tan malo que hay algo
allí que nos parte el alma, aunque lo que tengamos en nosotros de sofisticados se ría
con aire de superioridad.

Pero no es ésto lo que sucede en los dibujos de Gronk. Porque aún cuando sean
humorísticos (miremos la página 11: "Story Boar Bore"), nunca somos superiores
a ellos; somos como confidentes, y como los vemos desde adentro, somos
sensibles a las implicaciones de los juegos visuales y de palabras. La sutileza y la
elegancia de la mano que crea estos dibujos nos deleita, nos encanta e impresiona;
no nos genera culpa el disfrutarlos, a diferencia de lo que nos sucede con las
películas serie B.

Dibujar, para Gronk, ES escribir, o quizás escribir es dibujar. Y entonces
él ha dibujado un libro. Yo lo llamaría un libro de poesía—si tuviera que
elegir un género—porque está escrito en el lenguaje de las imágenes,
porque cada página tiene esa especie de fragilidad organizada de los poemas.
Otros podrían llamarlo una novela no lineal, postmoderna o un libro de crítica
de arte…Existen aquí contrastes declamatorios de luz y sombra, narrativas
de metamorfosis, la creación de un nuevo aleph-beto hecho de símbolos
caprichosos (¿extraterrestres?) ¿Infecciosos? Sí. Y sin embargo, la infección tiene
que ver más con esos elementos de emoción, calidad e impacto que Kant describe
como análogos a lo bello que con el virus del lenguaje de Burroughs. De este
modo, el texto de Gronk es más gentil que el lenguaje: presenta las negociaciones
entre los materiales públicos y personales, pero lo personal no pierde siempre ante
el poder social de los códigos dominantes (como lo hace, insisto, en la escritura).
Aquí, cuando se inserta lenguaje, se lo inserta irreverentemente: para jugar, o
seducir, o vencerlo con lo dicho visualmente, empezando en la primera página
sobre la que vemos la epónima garra gigante en el cielo, sobre un acorazado
pequeñísimo que apenas se distingue del mar, al que con seguridad habrá de caer
cuando el pájaro monstruoso acabe con él. Una inscripción, sorprendentemente
(mal) escrita reza: "MÁS GRANDE Y UN ACORAZADO" los efectos de
lo que parece ser un error de imprenta son múltiples. Por una parte, reiteran
los aspectos infantiles de la imagen, erradicando inmediatamente cualquier
posibilidad de que el lector pueda sospechar que Gronk es pretencioso o hace
gala de sofisticación pseudo artística. Se devalúa el lenguaje como si no fuera
ya tan importante como para preocuparnos de su uso correcto. Se sugiere, al
menos sutilmente, del mismo modo en que lo hace el nombre "Gronk", que

el artista es una especie de extraterrestre: que quizás el inglés no es su primera lengua (¿hablará marciano?). Esto le hace pito catalán a la preocupación anal de académicos y críticos por la corrección. El artista puede hacer lo que quiera; el artista puede escribir las palabras de cualquier modo, como lo han hecho los poetas (pensemos en e.e. cummings o en César Vallejo). También presenta la idea de una narrativa y por eso, creo, Gronk quería que estuviera en la primera página de su libro: primero leemos "más grande", y después leemos "un acorazado". Una cosa *y* luego otra, que es como se cuentan los cuentos.

No todas las páginas tienen título, inscripción o texto. Sin embargo suficientes páginas los tienen por lo que podemos leer aún aquellas sin palabras. Leemos alusiones a formas arraigadas en el relato como las novelas gráficas (5, 44), en las tiras cómicas (8-10), en el mito (72) y en la ópera (74). Leemos grupos de imágenes (56, 63) como si fueran poemas. Pero siempre hay una tensión juguetona entre la erudición y la ingenuidad: las alusiones no pretenden ser estudiadas sino preferentemente, creo, inhaladas, degustadas, o tornarse en fuente de placer.

Tres de mis dibujos preferidos deben gran parte de su efecto precisamente a esa tensión. "Cubist jell-o, 'bizarreries cubiques'" (Gelatina cubista)(6) es y no es técnicamente, un dibujo cubista. Sugiere un móvil a la Alexander Calder y al mismo tiempo sugiere una fuente con un postre de cubos de gelatina conectados creados por, por nombrar a alguien, Donna Reed. De alguna manera va más allá de la debilidad posmoderna de mezclar la alta y baja cultura, en tanto parece presentar ambas opciones como simple e igualmente aceptables y accesibles. Al mismo tiempo, el dibujo no es ni un móvil ni una comida sino una especie de lenguaje escrito indescifrable, extraterrestre: un poema sin palabras, una red de nudos sombreados, un trabajo de recamado.

"Indeed (en efecto) neue sachlichkeit" (22) también despliega la danza a lo duende Puck de Gronk, entre la erudición y la ingenuidad. La *Neue sachlichkeit* o Nueva objetividad es un movimiento artístico alemán del siglo XX que incluye a los pintores realistas Otto Dix y George Grosz y a los realistas mágicos Heinrich Maria Davringhausen y Cristian Schad, ambos grupos motivados por un rechazo a la agresividad emocional del expresionismo alemán (recordemos los rescoldos de la paleta de Emil Nolde).

En el dibujo de Gronk, una figura humana parece estar construyendo o arreglando un objeto en forma de caño con un cuerno enorme y fálico, donde el cuerno proyecta una pequeña sombra sobre el piso. Está dibujado al estilo de la Nueva objetividad, con contornos gruesos y es bastante claro en cuanto a presentar al hombre y al objeto (no nos confunde por ejemplo respecto a dónde comienza y termina el dibujo). Y la imagen podría ser leída como una especie de comentario social: el hombre podría pensarse como de clase trabajadora; su oficio aparentemente no tiene importancia. (Cuando digo ésto me siento un poco como el estudiante de poesía que tuve una vez, que insistía en que el poema de Emily Dickinson "No soy nadie", una defensa lírica del anonimato, era un comentario político sobre la esclavitud y la Guerra Civil en los Estados Unidos. Algunas lecturas analíticas se vuelven tan elaboradas que terminan resultando lisa y llanamente equivocadas). El dibujo podría leerse también como realismo mágico porque, después de todo, cuál es el objeto que se dobla como un brazo pero tiene cuerno o falo y termina arbitrariamente con un cierto toque industrial en forma de anillo. Es en parte orgánico, en parte tecnológico (¿sería estéticamente steampunk?) y está en una escala que no pareciera creíble, como si Gronk hubiera dibujado una figura humana parada al lado de un utensilio de cocina del mismo tamaño. Bien, como él mismo dice *indeed* (*en efecto*) posiblemente una referencia venenosa a la naturaleza pretensiosa y de última irrelevante de la crítica de arte. *(Comme il faut, oui?)*

El tercero y probablemente el que prefiero de todos los dibujos en este libro es "NOW ABOUT YOU?"(¿Ahora sobre usted?) (27). Este un árbol que parece tener la copa y dos ramas totalmente cercenadas y aparece flanqueado por dos gemas relucientes, probablemente diamantes. Es un retrato del martirio (hay algo de cruz en ese árbol) y el sufrimiento y del estrellato, el glamor, el éxito. He aquí un autorretrato, aquí estoy yo, parece decirnos Gronk, ahora cuénteme sobre usted, como si uno tuviera algo que pudiera superar ésto, como si uno pudiera decir algo más poético, más revelador, sucinto o conmovedor. Es un ejemplo solapado y considero que brillante de cómo adelantarse a cualquier salida ingeniosa del otro, y sin embargo logra ser gentil: más un juego divertido como el de cambiar de montura en la mitad de una conversación, que un desafío serio. O quizás no. Quizás leerlo como una diversión inofensiva es ser presa del encanto de Gronk a expensas de su seriedad. Al leer con seriedad la imagen, se vuelve una metáfora, un emblema del artista a la vez mutilado y visionario. Finalmente, empero, creo que Gronk rehusa posicionarse definitivamente de uno u otro lado: lo liviano o lo sombrío, lo divertido o lo profundo, y ésta es una de las cosas que me encantan de él.

En su libro *Lyric Poetry: the Pain and the Pleasure of Words* (Princeton University

Press, 2007) Mutlu Konuk Blasing escribe: "el poeta acepta la intimidad de lo simbólico y evoca en el sonido de las palabras una intimidad prehistórica del cuerpo y el lenguaje, ambos disolviéndose y restituyendo el lenguaje simbólico al estado de 'bella ilusión'". Quiero postular que en este libro de dibujos poéticos, Gronk logra algo similar. Por cierto encontramos una "intimidad prehistórica del cuerpo y el lenguaje" aquí, así como una "intimidad de lo simbólico", donde para mí el término *simbólico* significa, supongo, cualquier cosa figurativa que pueda ser experimentada por nosotros como algo simultáneamente recordado y olvidado, algo simultáneamente acercándose y desvaneciendose de nuestro campo visual. Veamos "BETWEEN THE LINES" (26). Es una alegoría de la lectura: en los espacios vacíos entre líneas de texto hay jardines de formas; hay una profusión de crecientes formas orgánicas y jeroglíficas; hay escritura no verbal. Los dibujos de Gronk crean un espacio en el que nuestro ser pre verbal, al que es difícil acceder, recuerda que el mundo que experimentamos a través del lenguaje es una "bella ilusión", que el cuerpo y la forma están en constante flujo, constantemente son disueltos y reestablecidos.

¿Y que tiene que ver ésto con "La garra gigante", con Mitch MacFee y Madmoiselle Mathematician, con los valientes actores Mara Corday y Jeff Morrow, con ese monstruo extraterrestre de pacotilla, de confección casera? Creo que tal vez, en definitiva, lo que sucede es que a Gronk parece que simplemente le gusta de verdad la película.

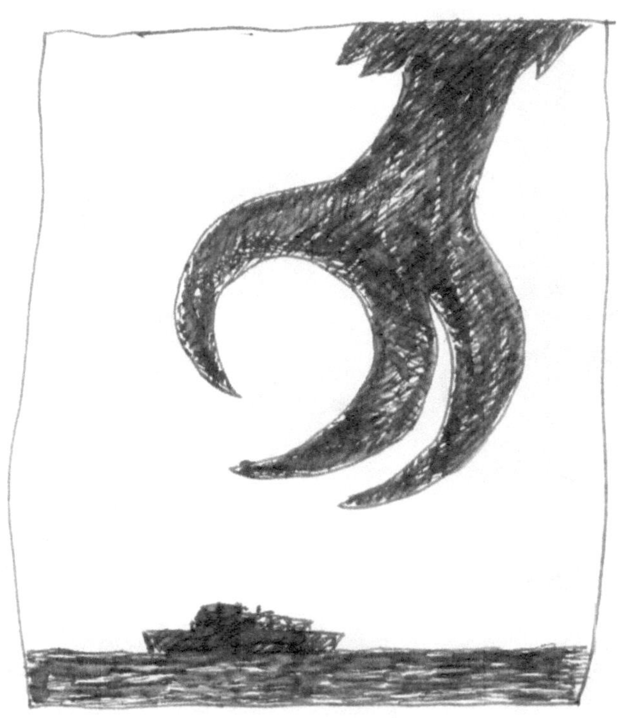

BIGGER THEN A
BATTLE SHIP.

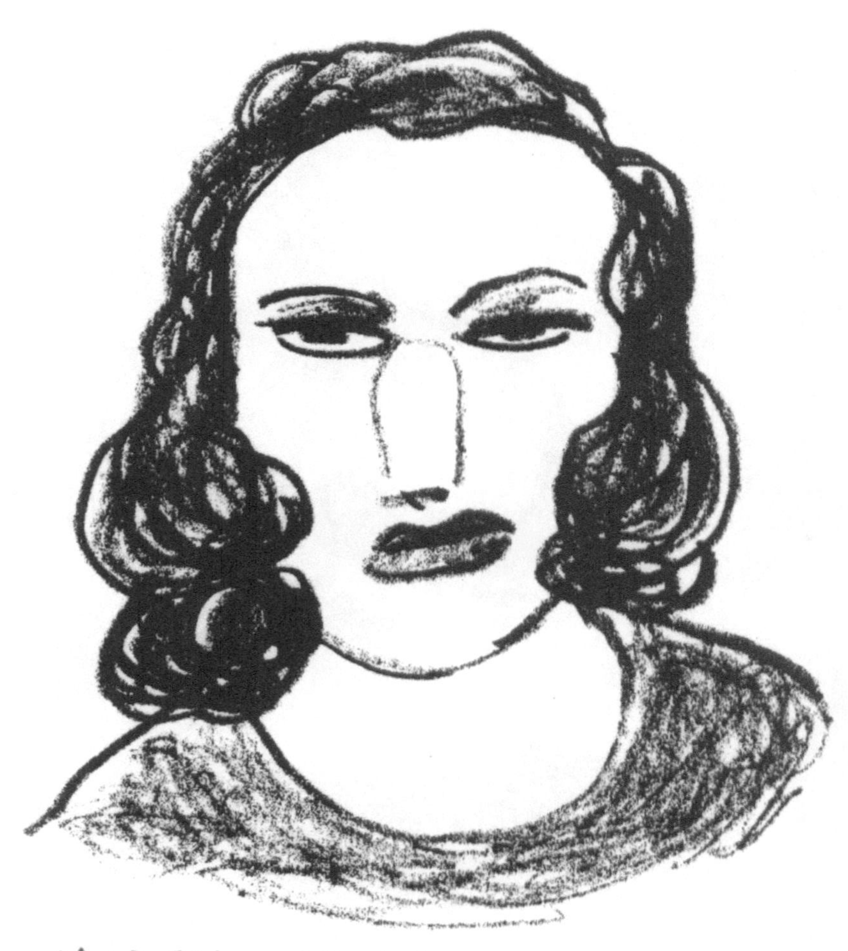

MADEMOISELLE MATHEMATICIAN

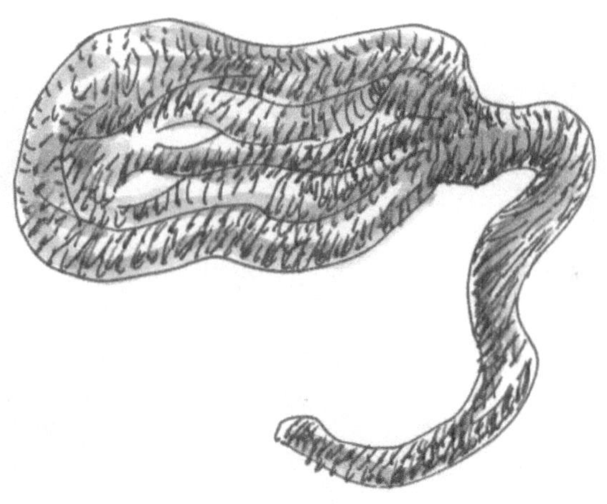

BRAIN GLASS

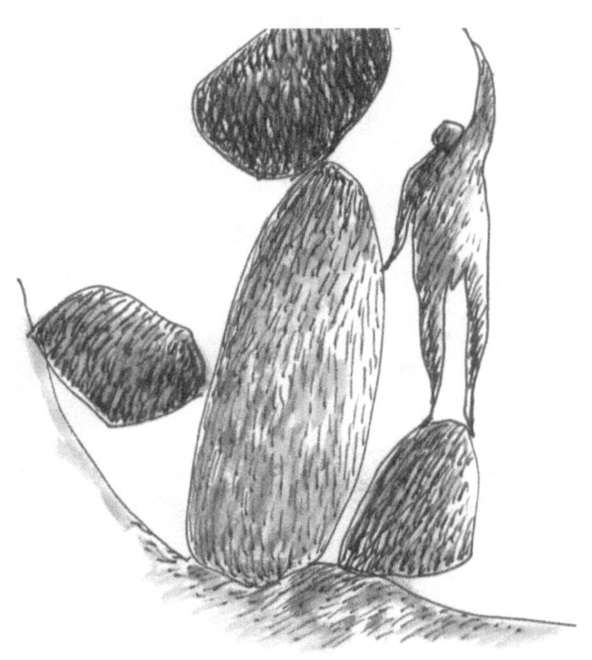

ROCKS AND MAN

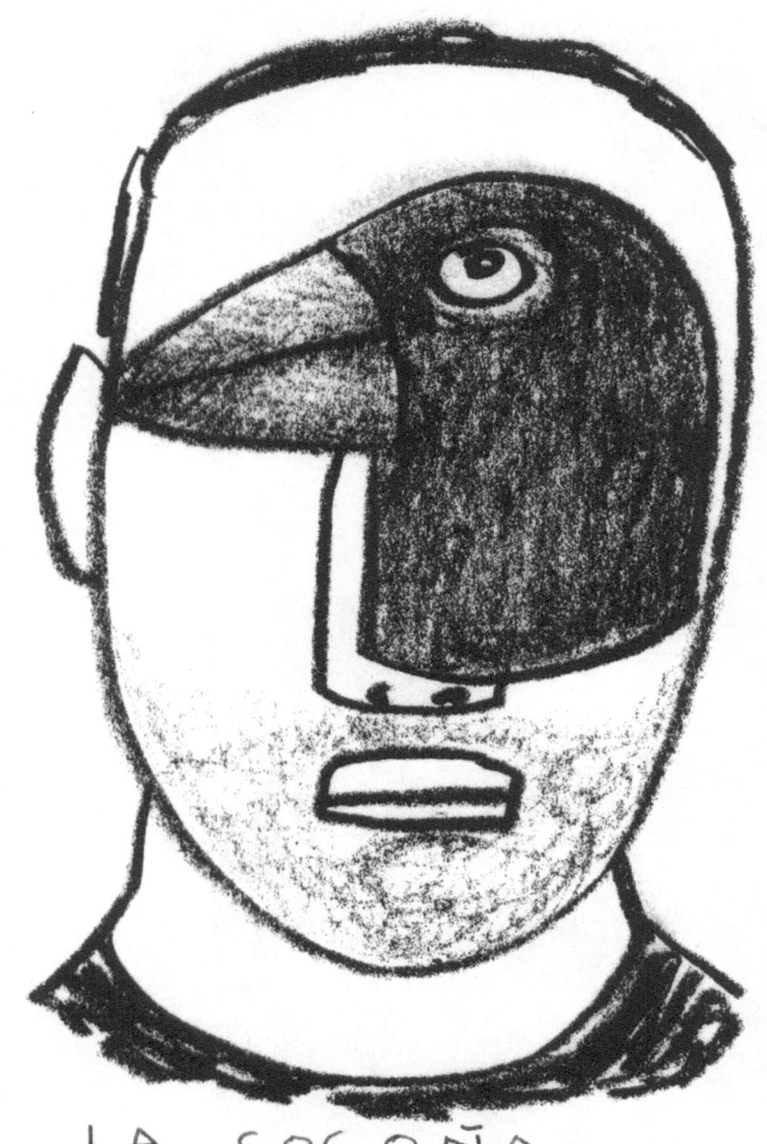

LA COCOÑA

MITCH MacFee

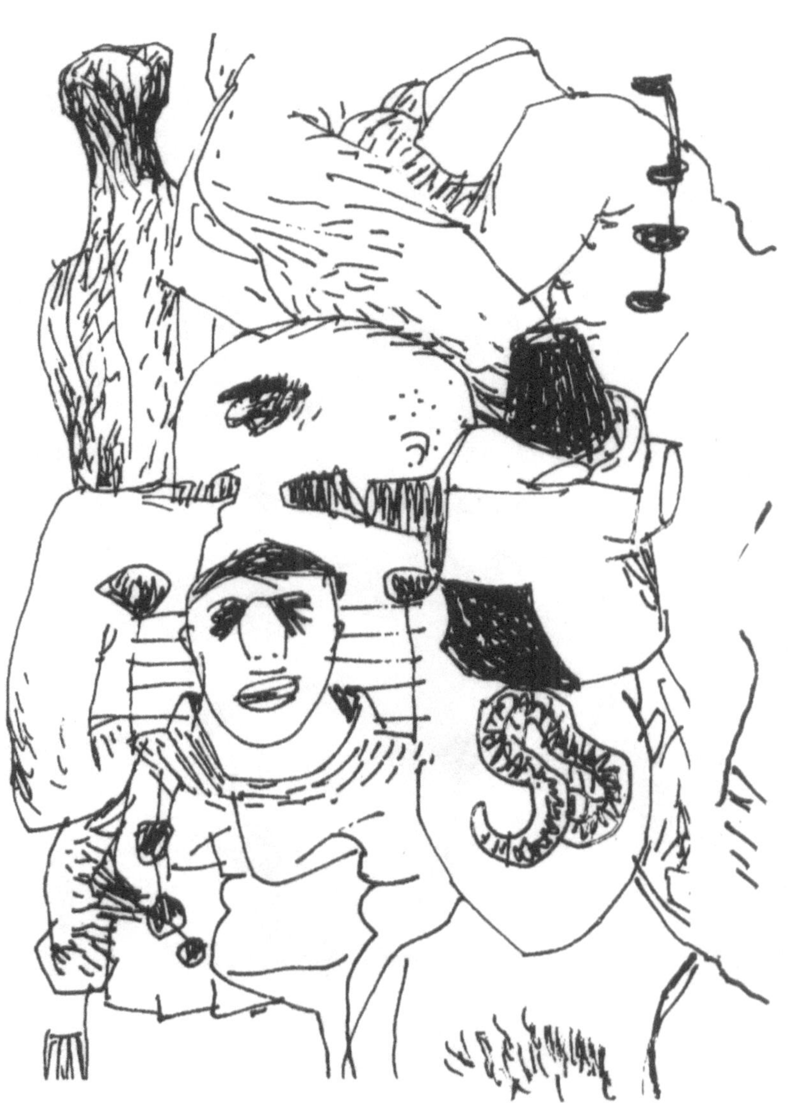

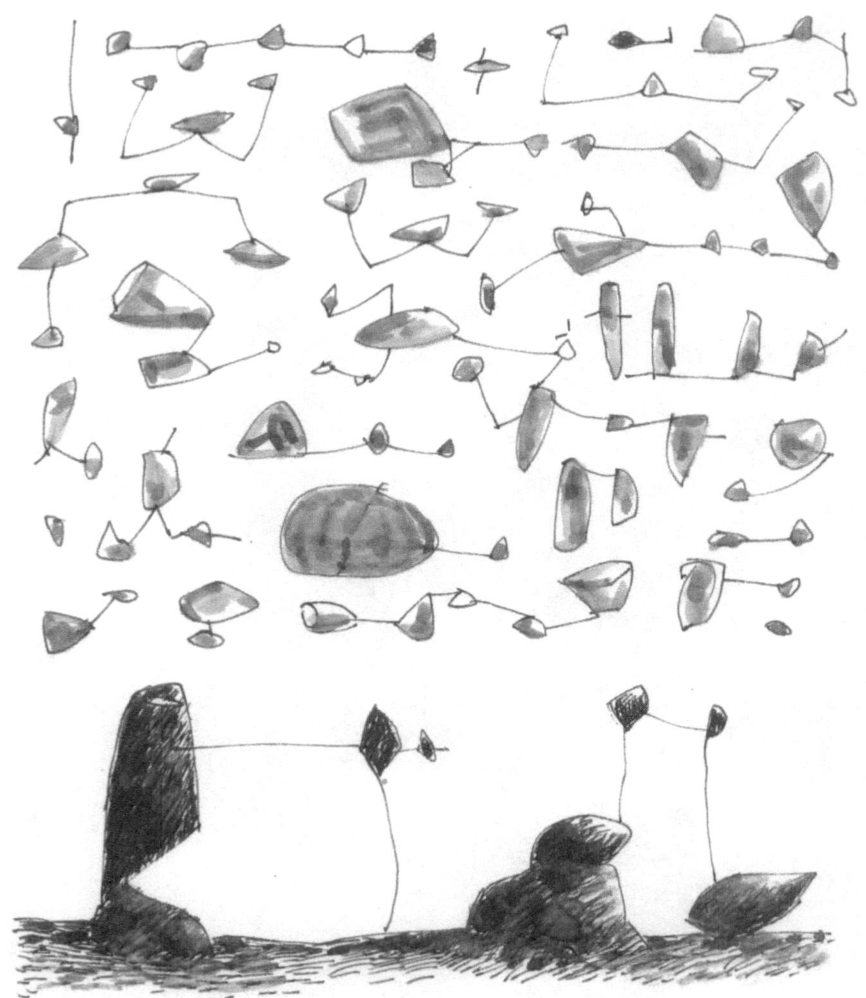

CUBIST Jell-O — 'BIZARRERIES CUBIQUES'

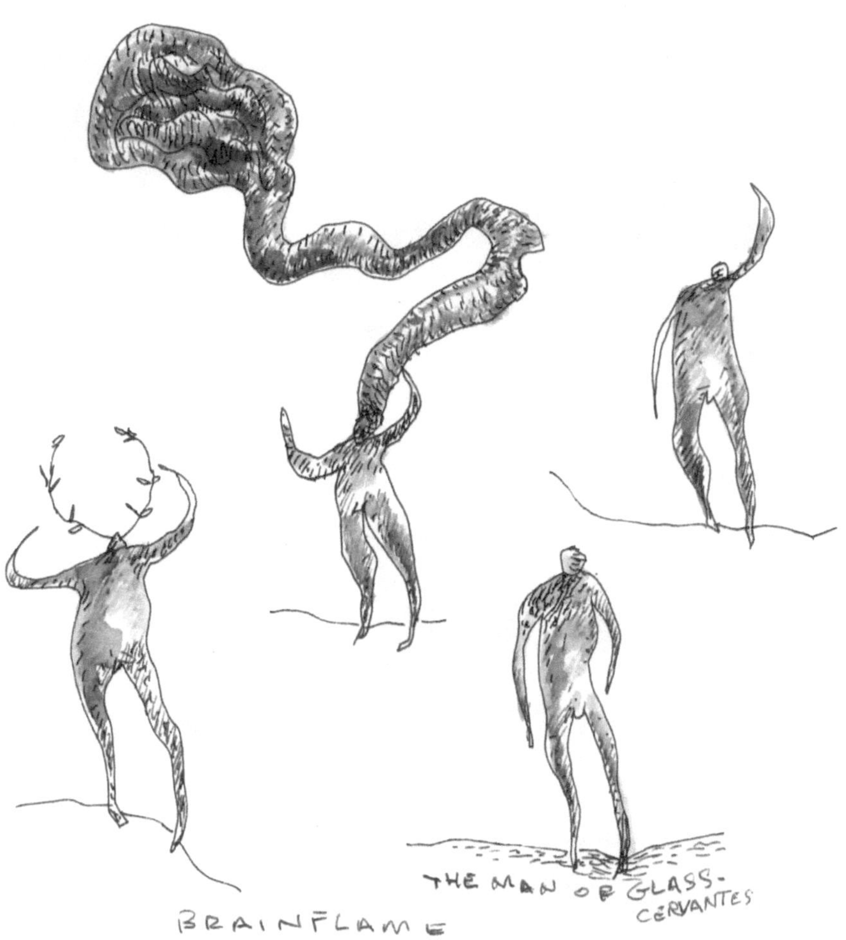
BRAINFLAME
THE MAN OF GLASS.
CERVANTES

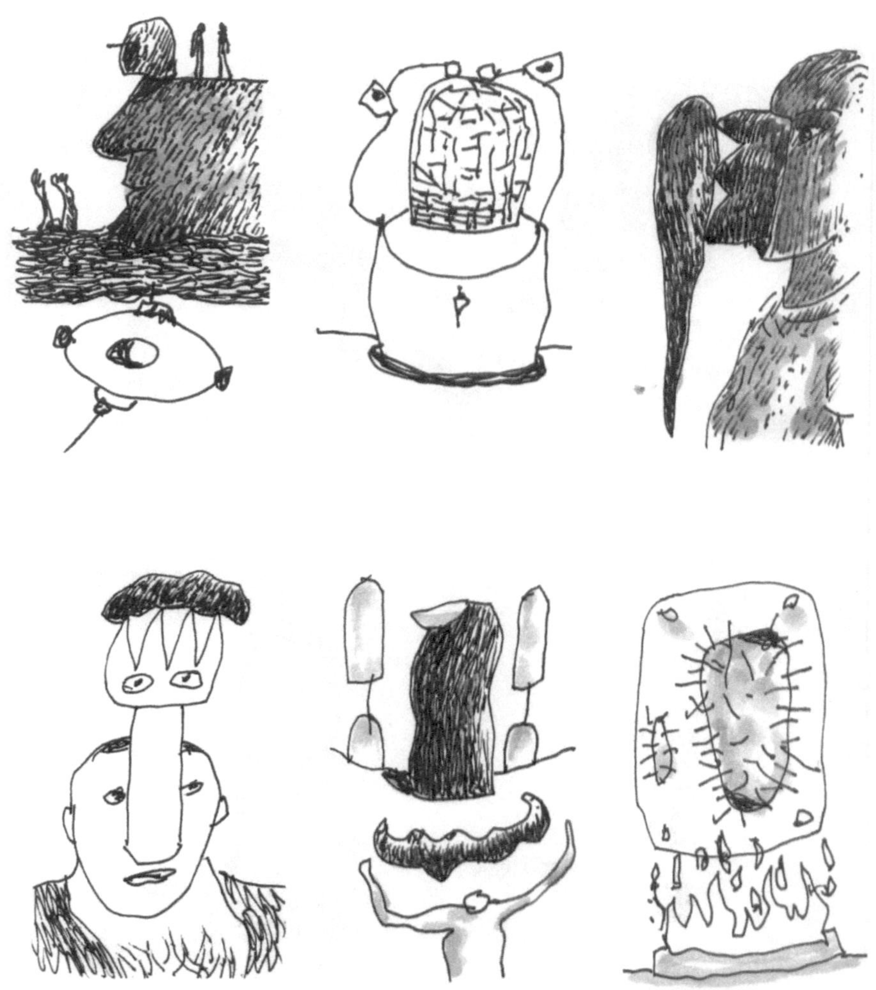

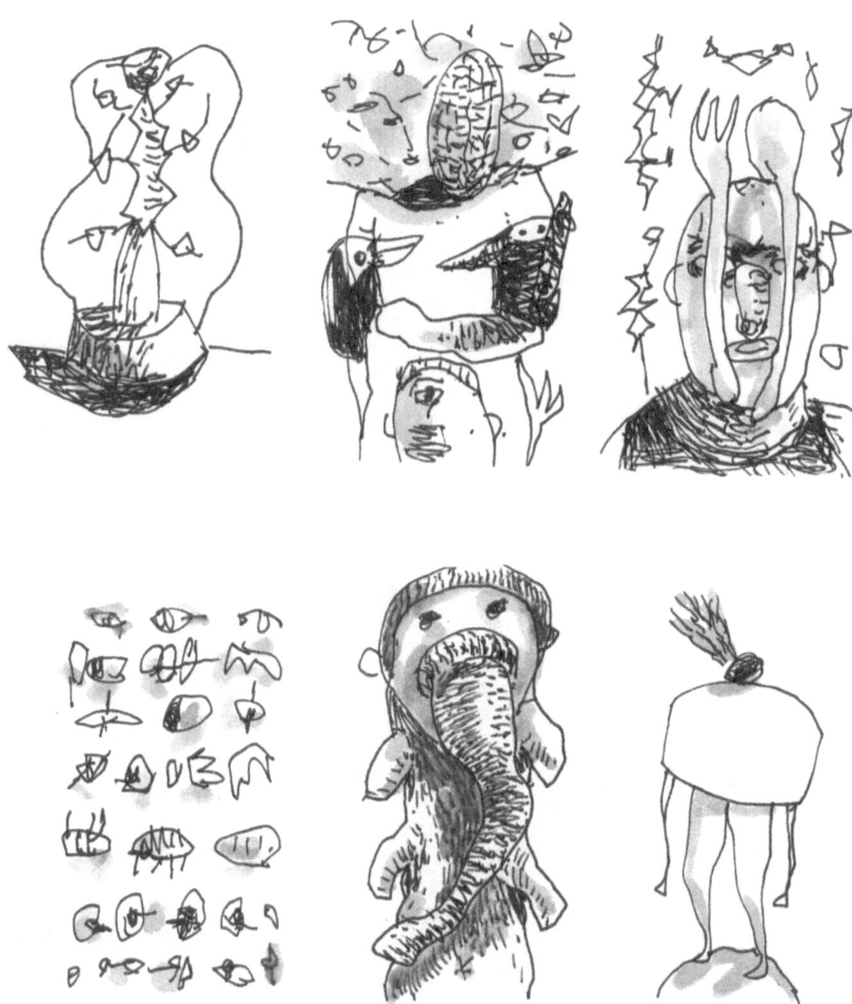

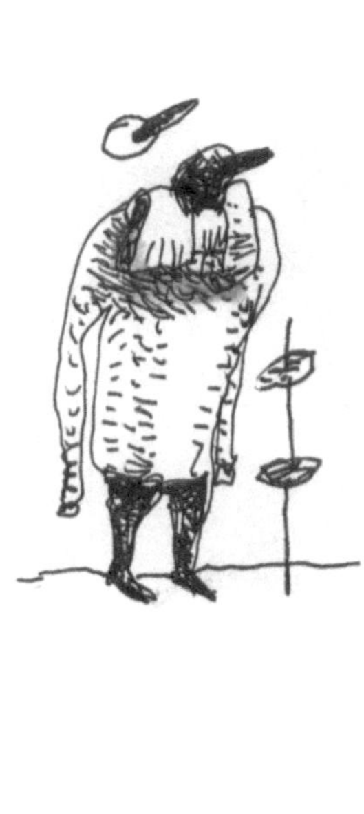

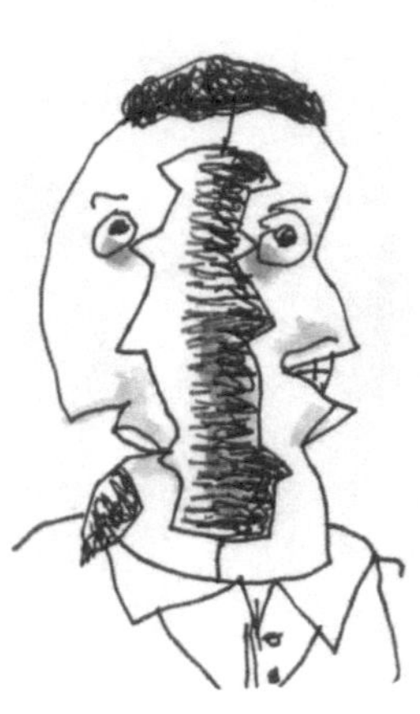

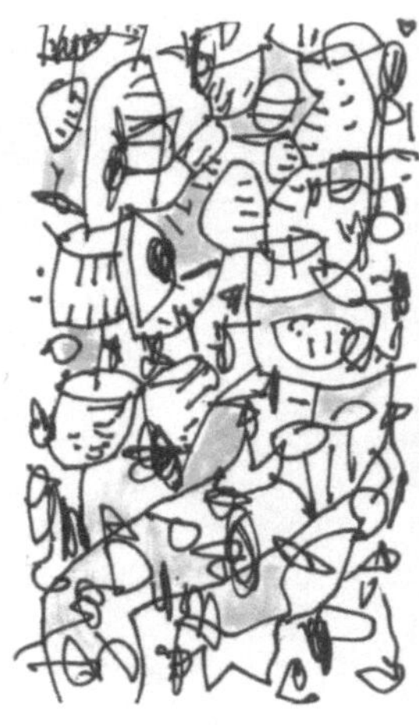

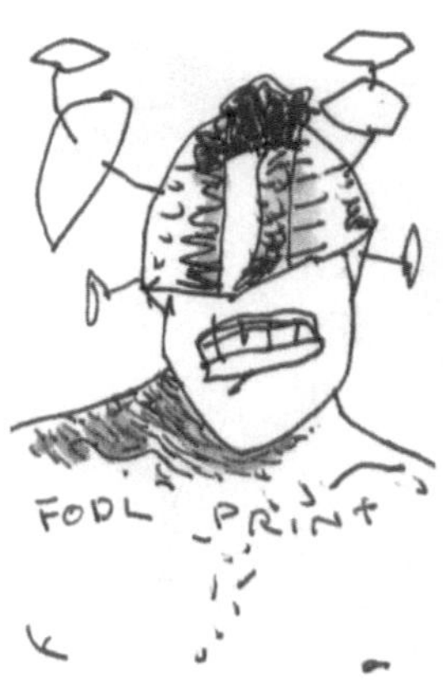

FODL PRINT

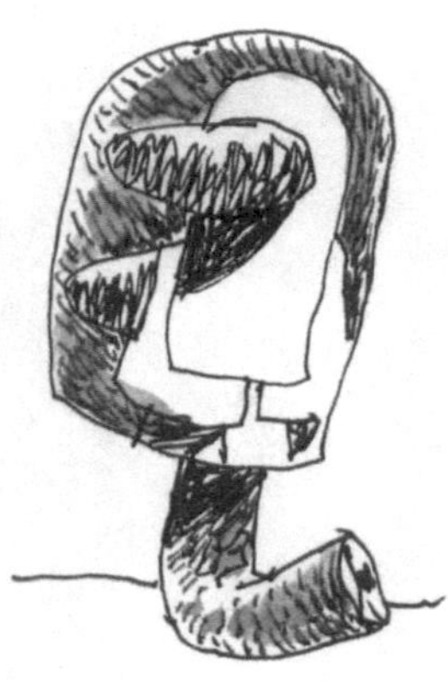

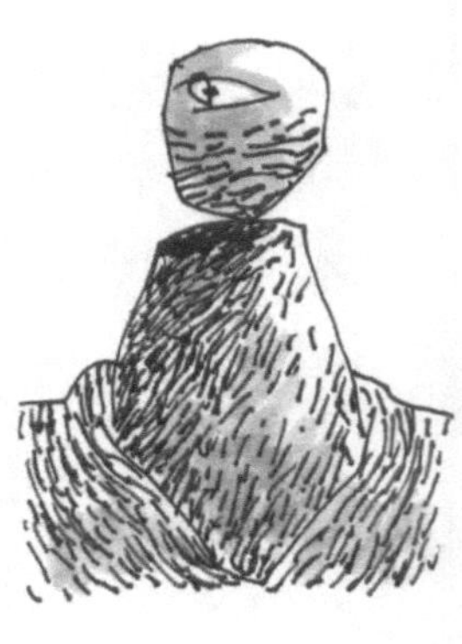

NECK ROCK

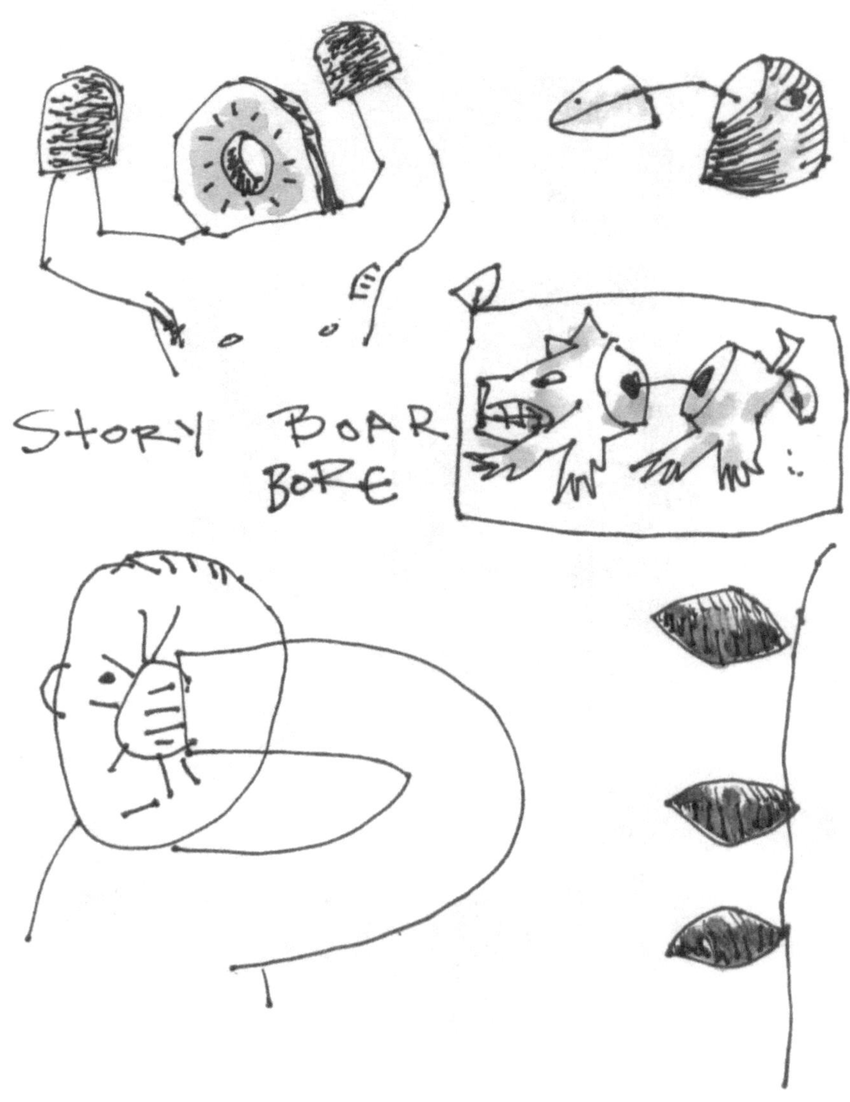

STORY BOAR
BORE

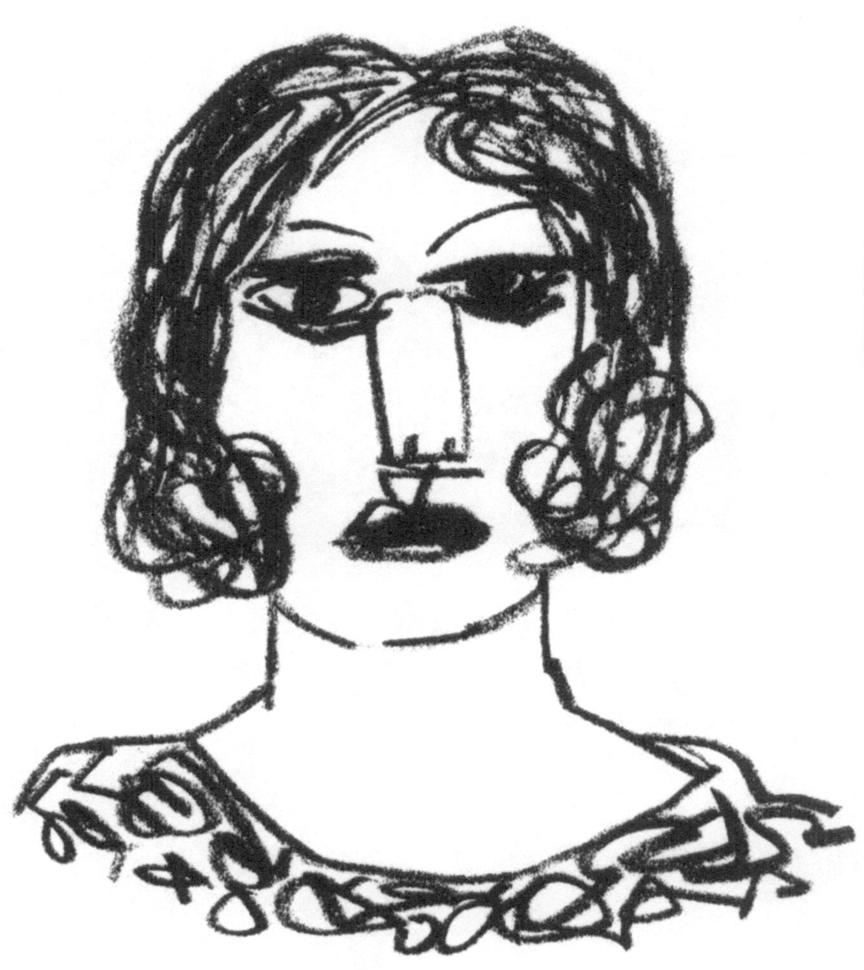

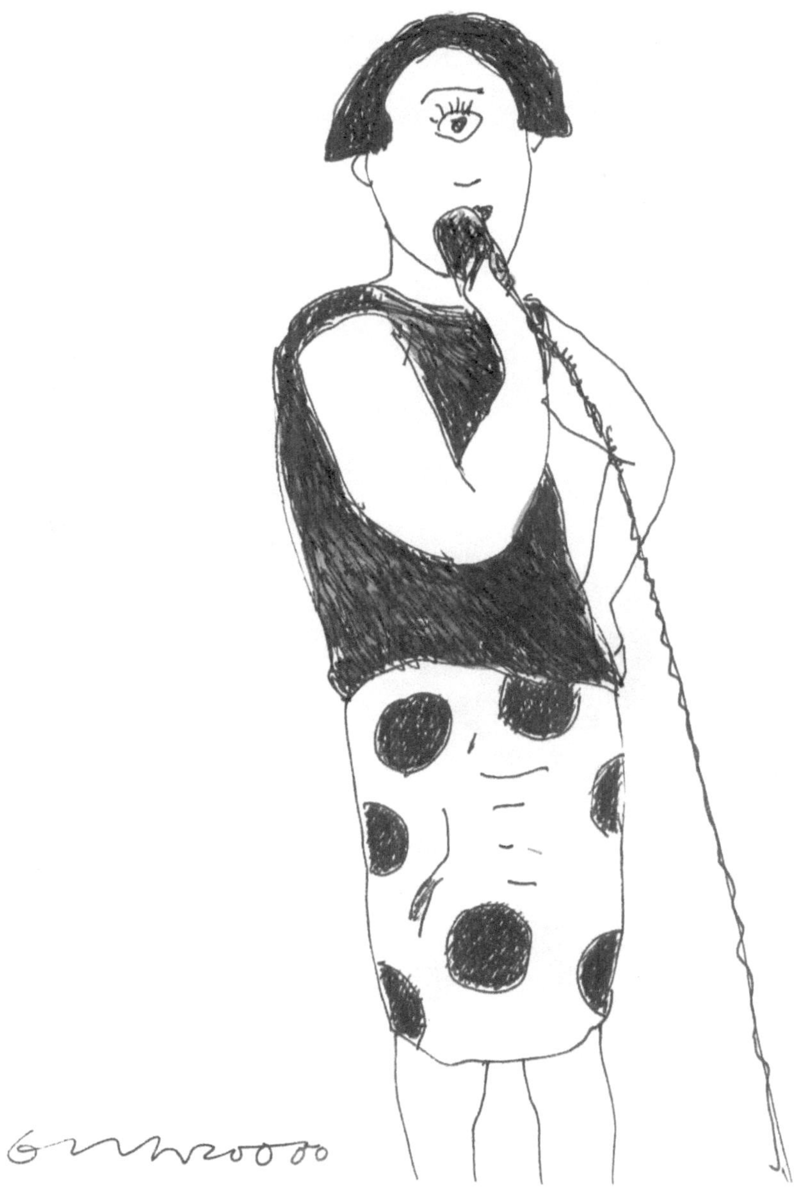

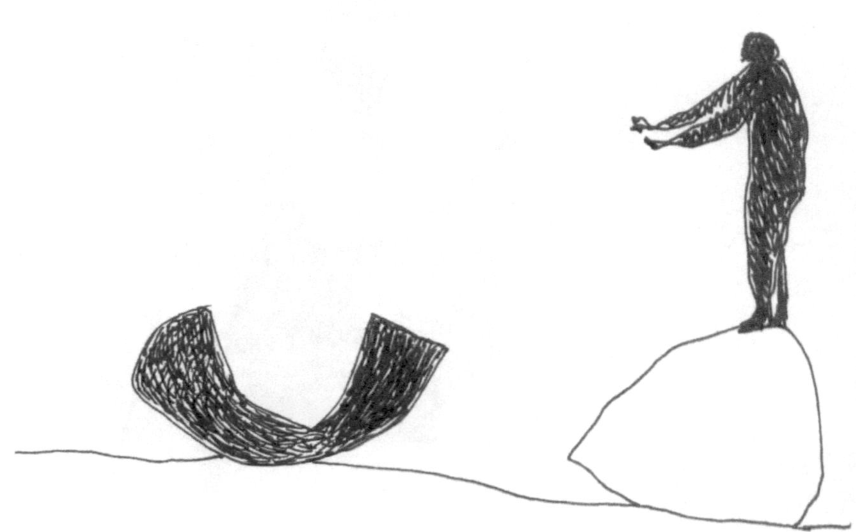

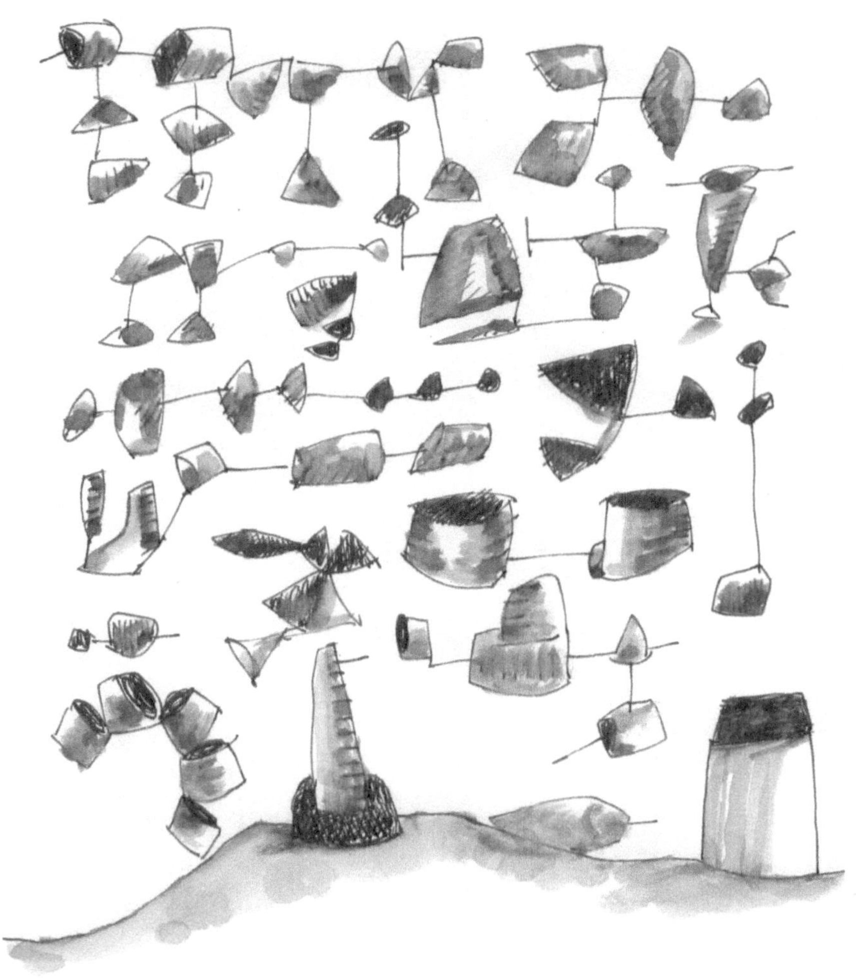

A   FILM

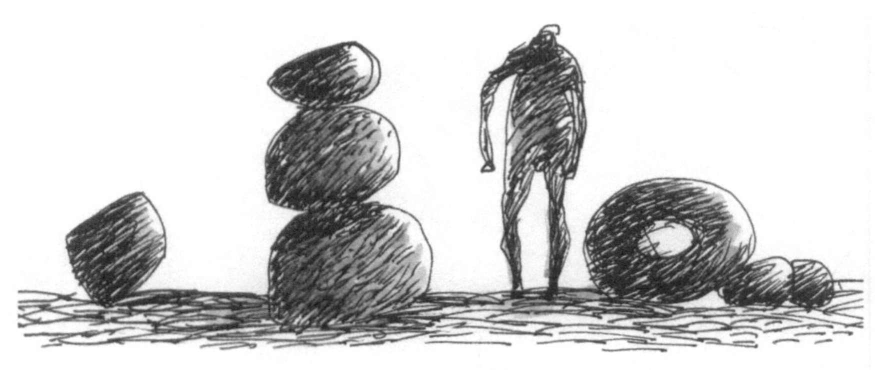

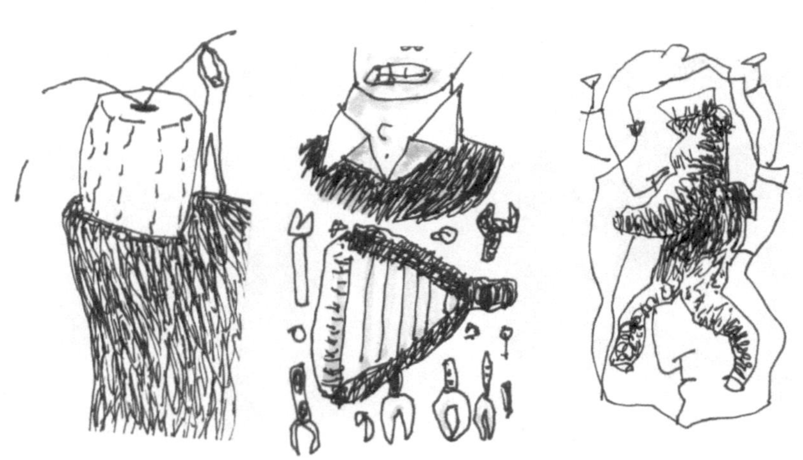

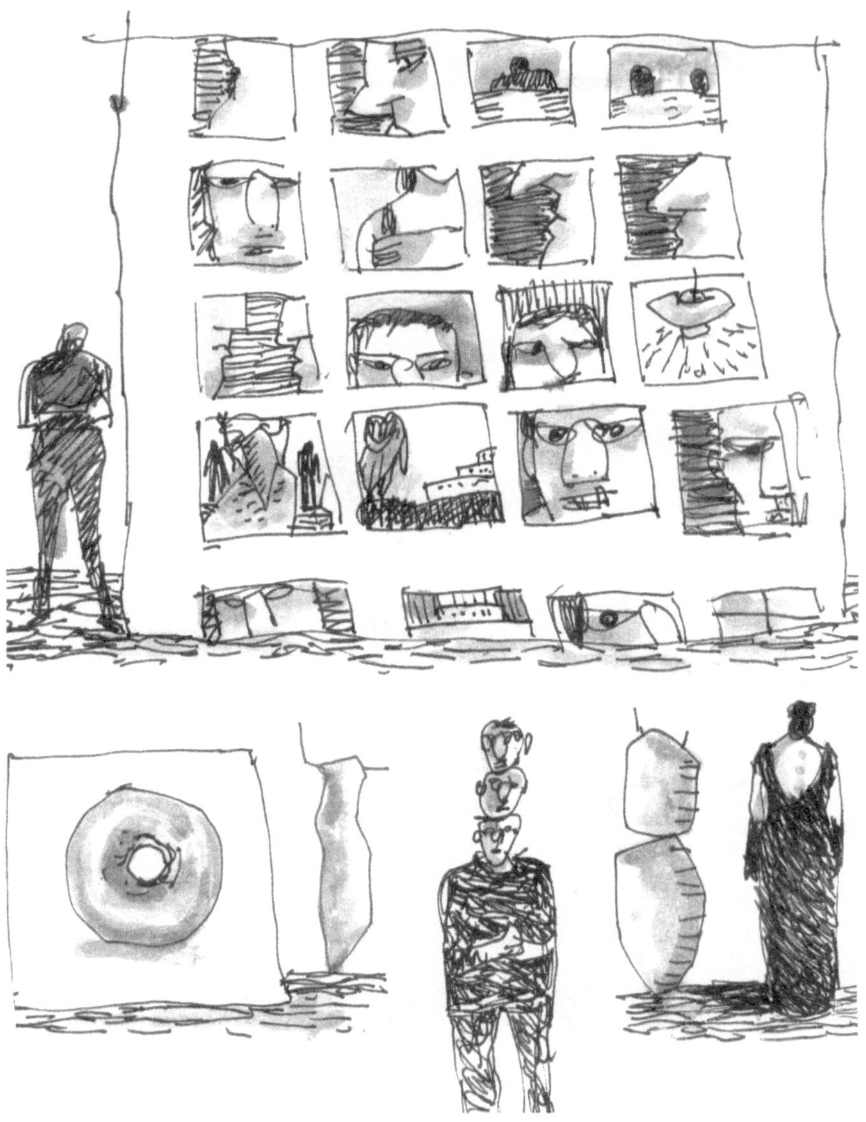

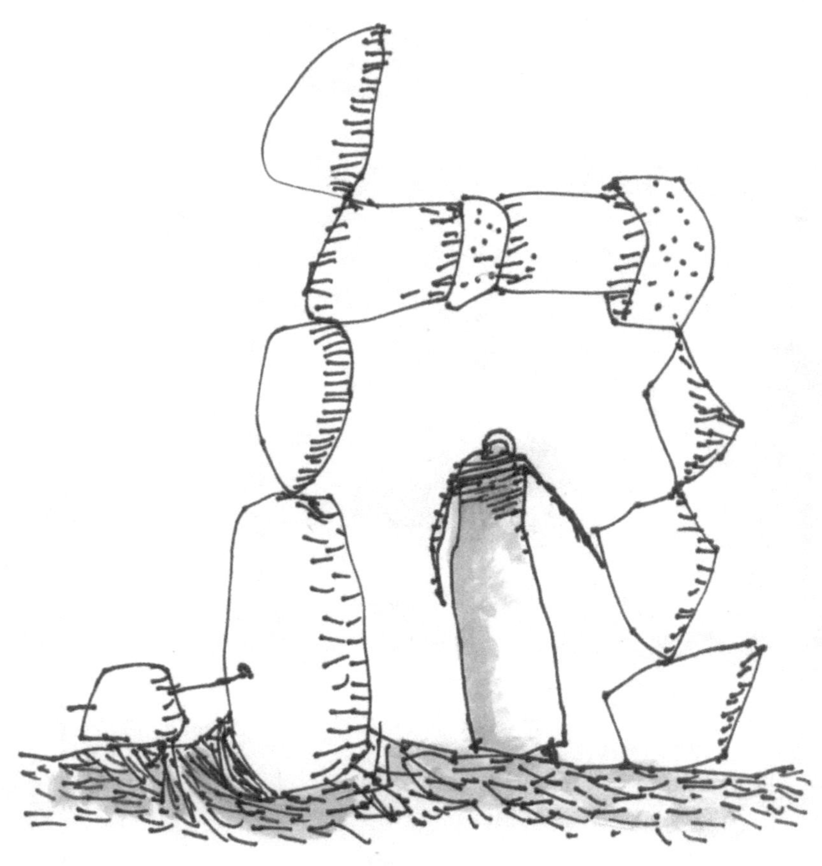

I DON'T THINK EITHER OF US
HAD ANY CLUE
NOR DID WE CARE to KNOW At the TIME
WEll I Still DON'T . . . KNOW.

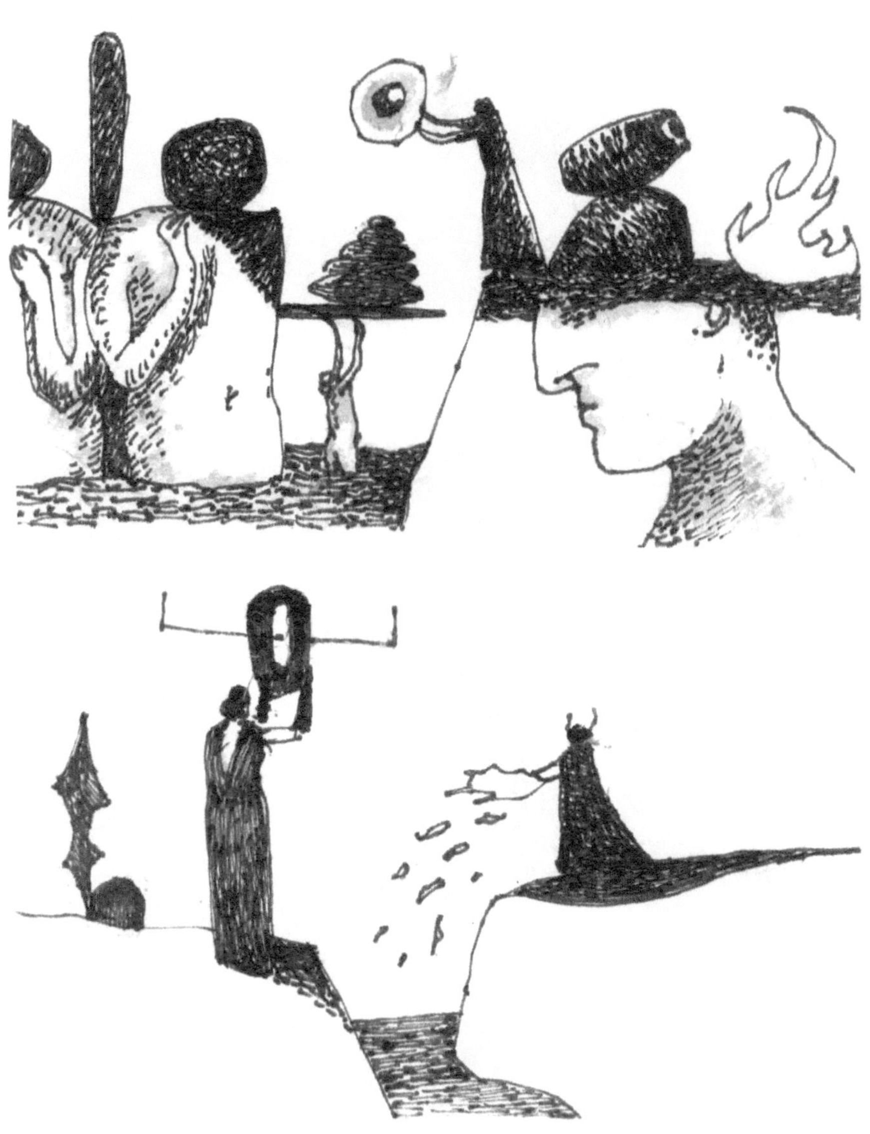

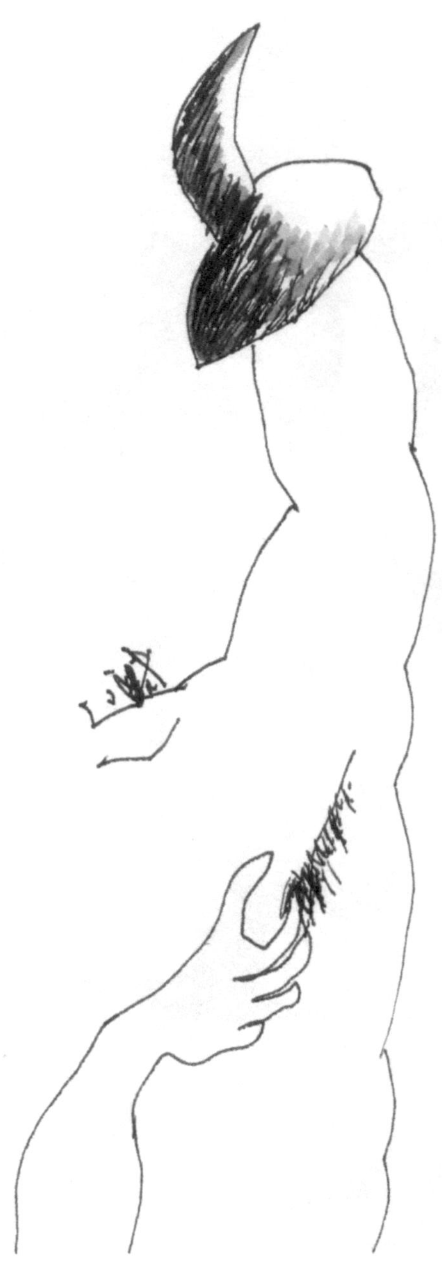

MAGIC CLAW

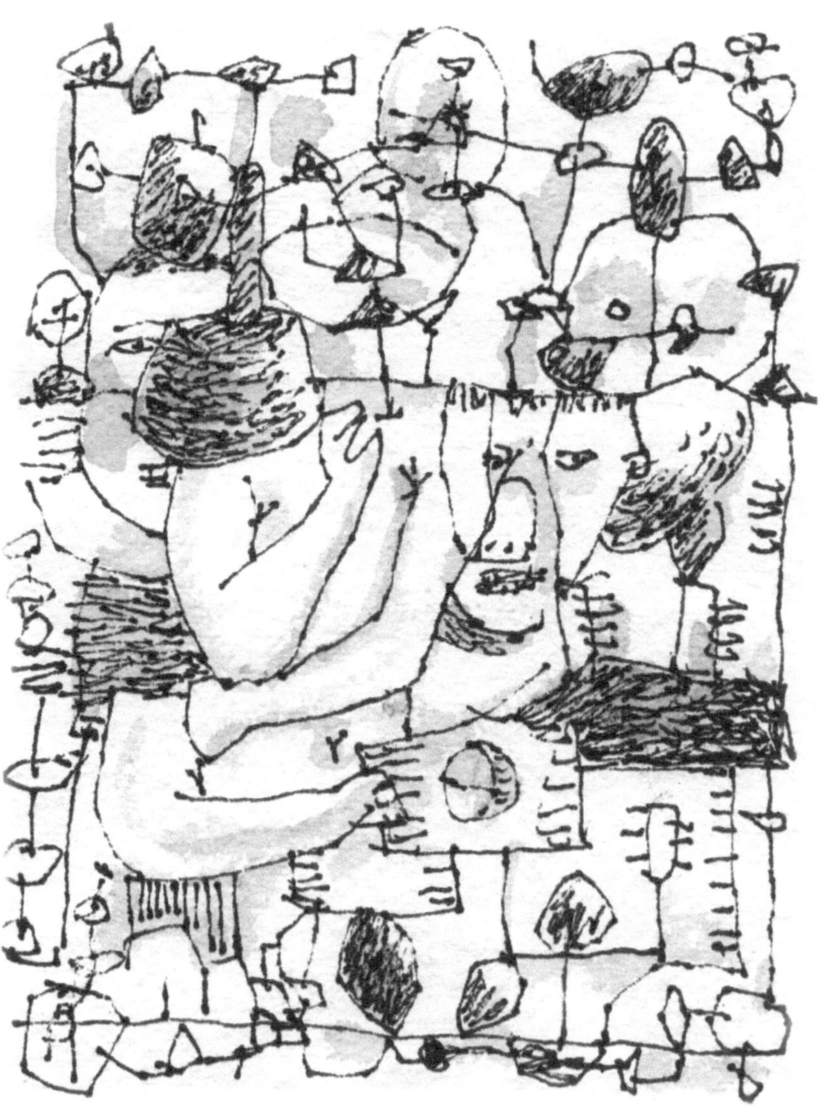

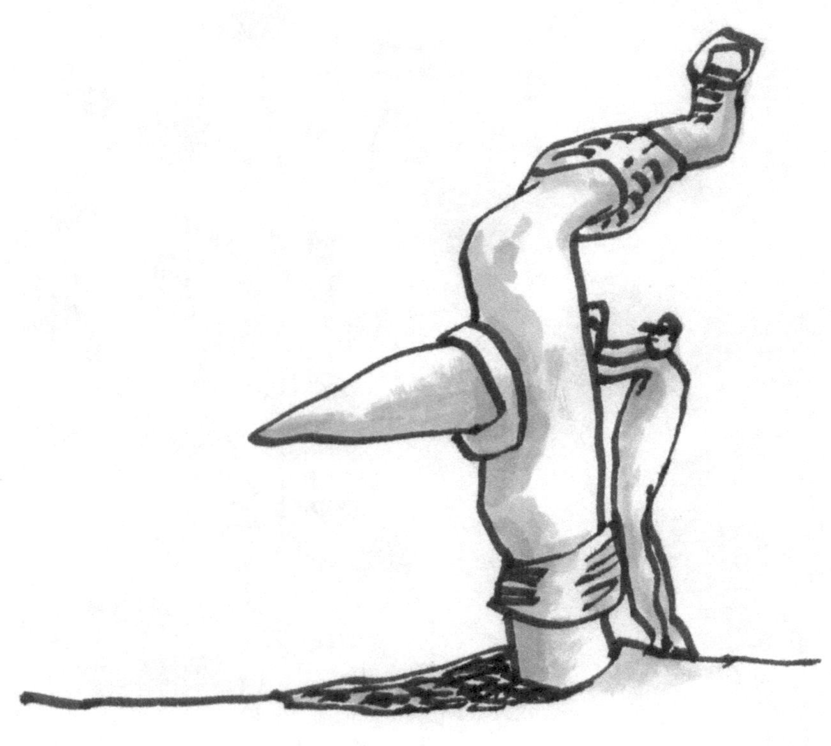

INDEED   NEVE SACHLICHKEIT

ELECTRICITY

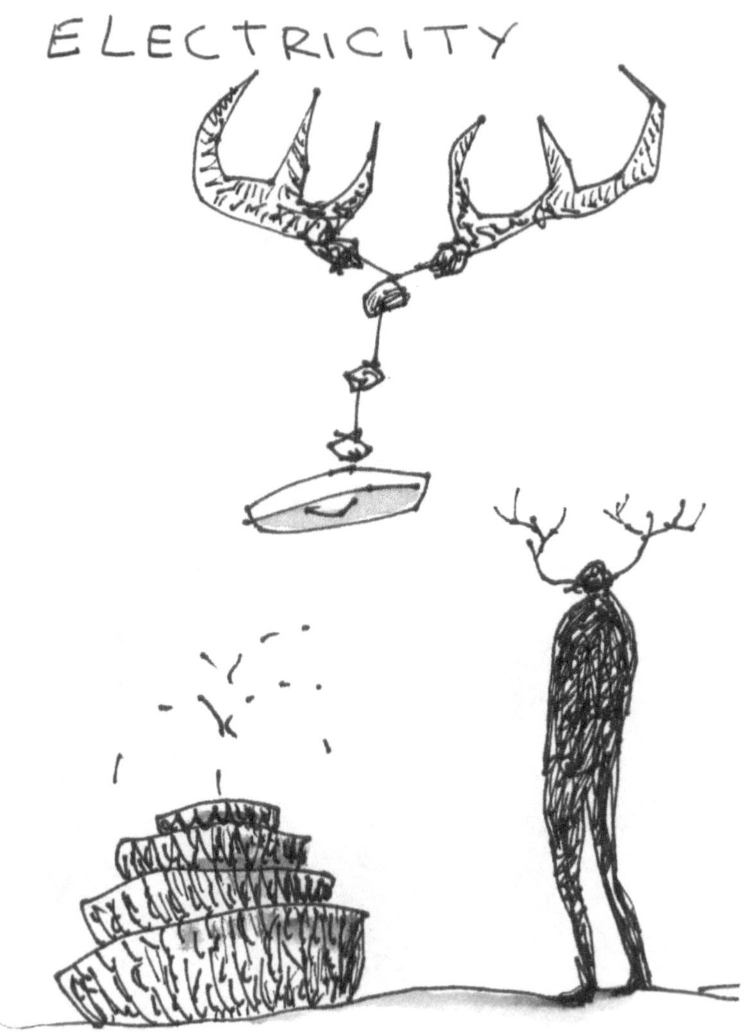

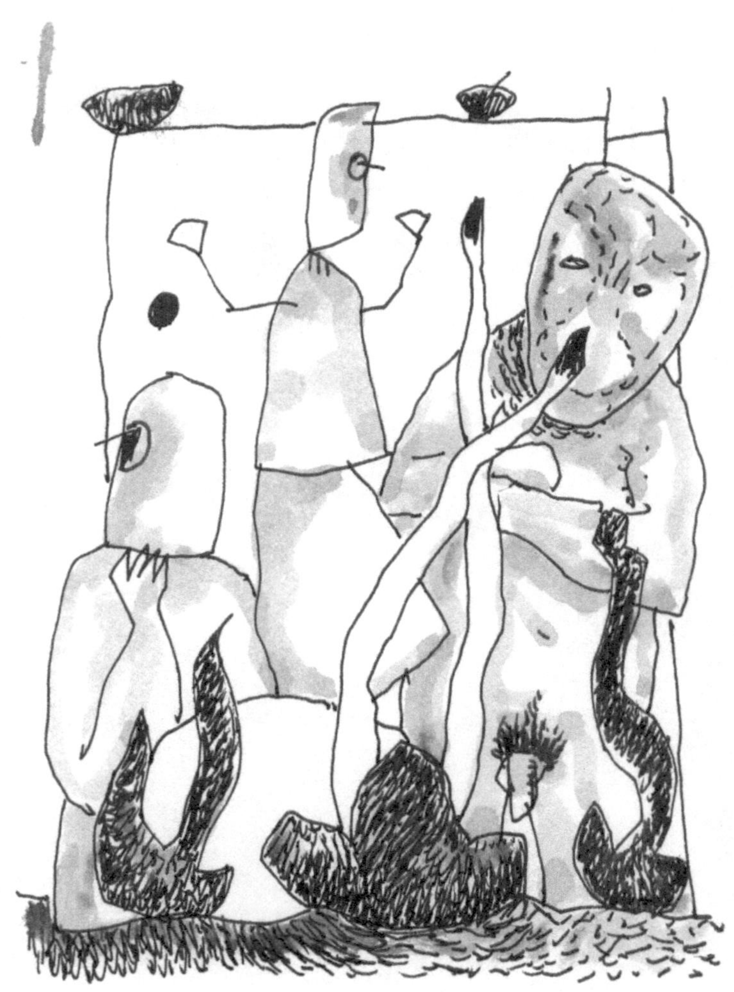

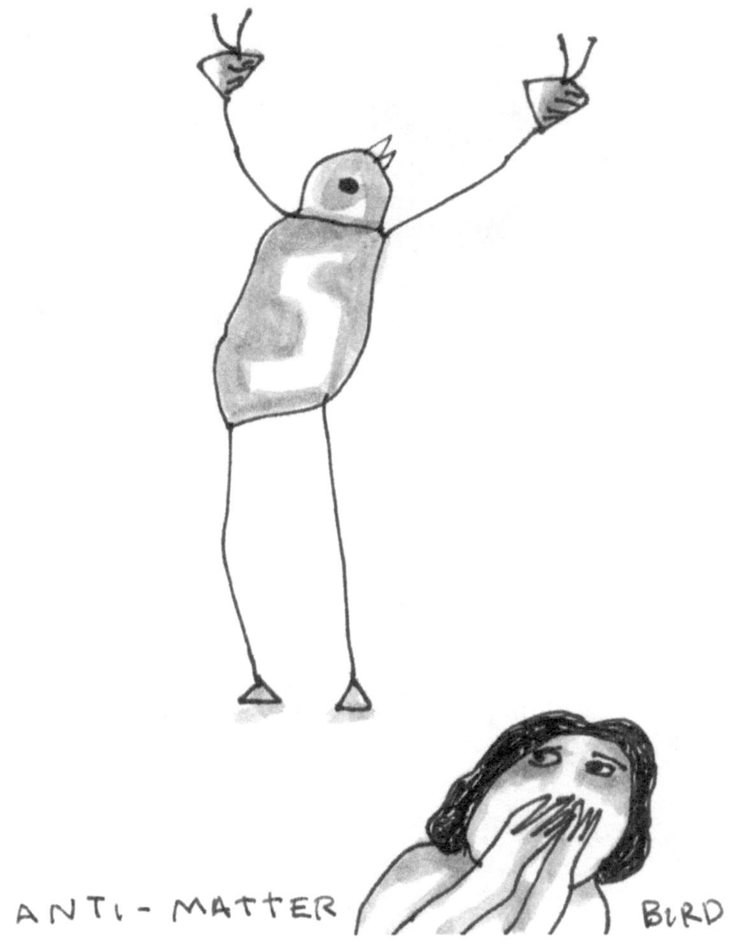

ANTI-MATTER BIRD

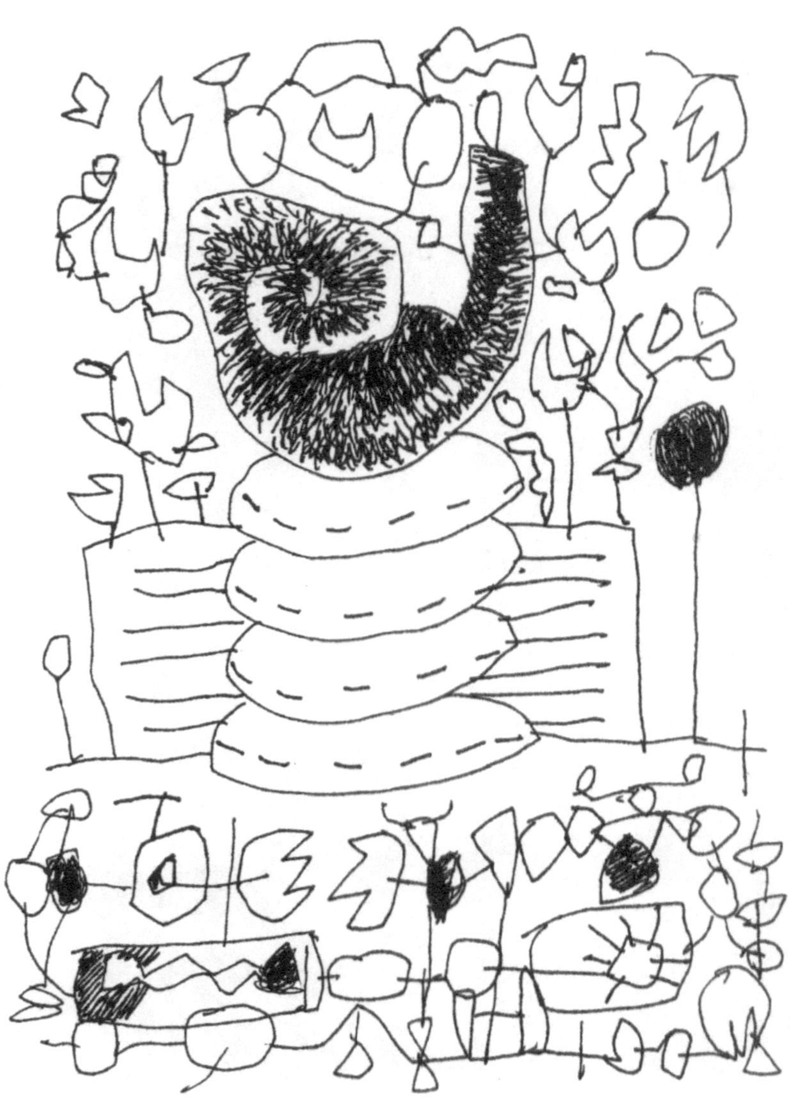

BETWEEN THE LINES

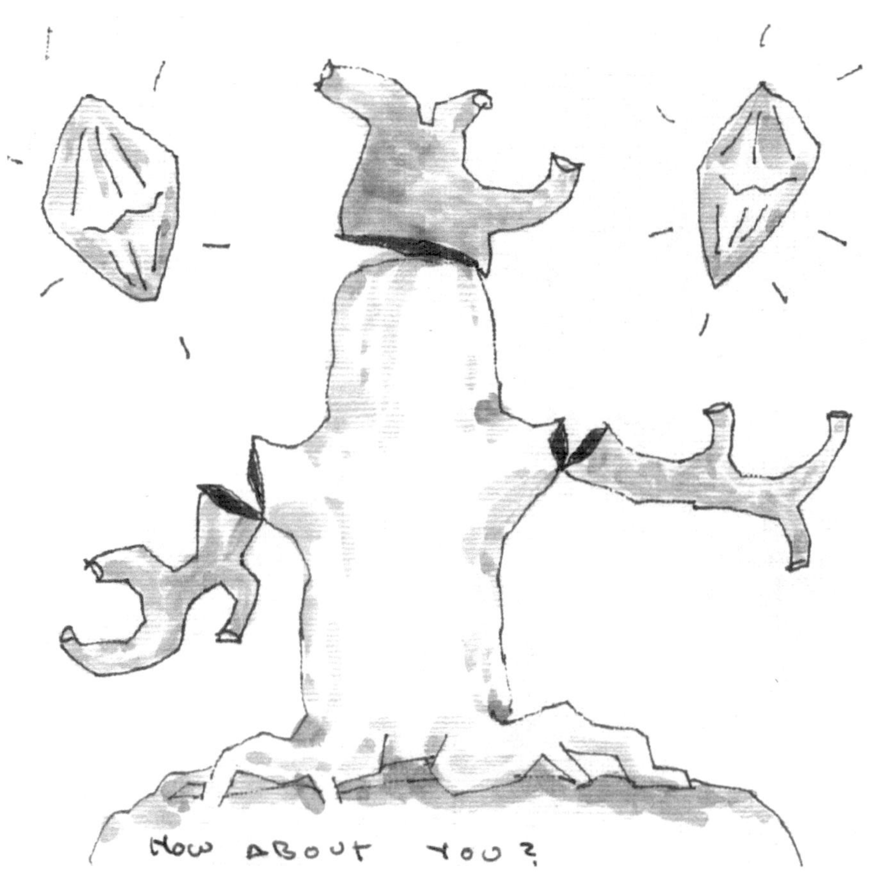
HOW ABOUT YOU?

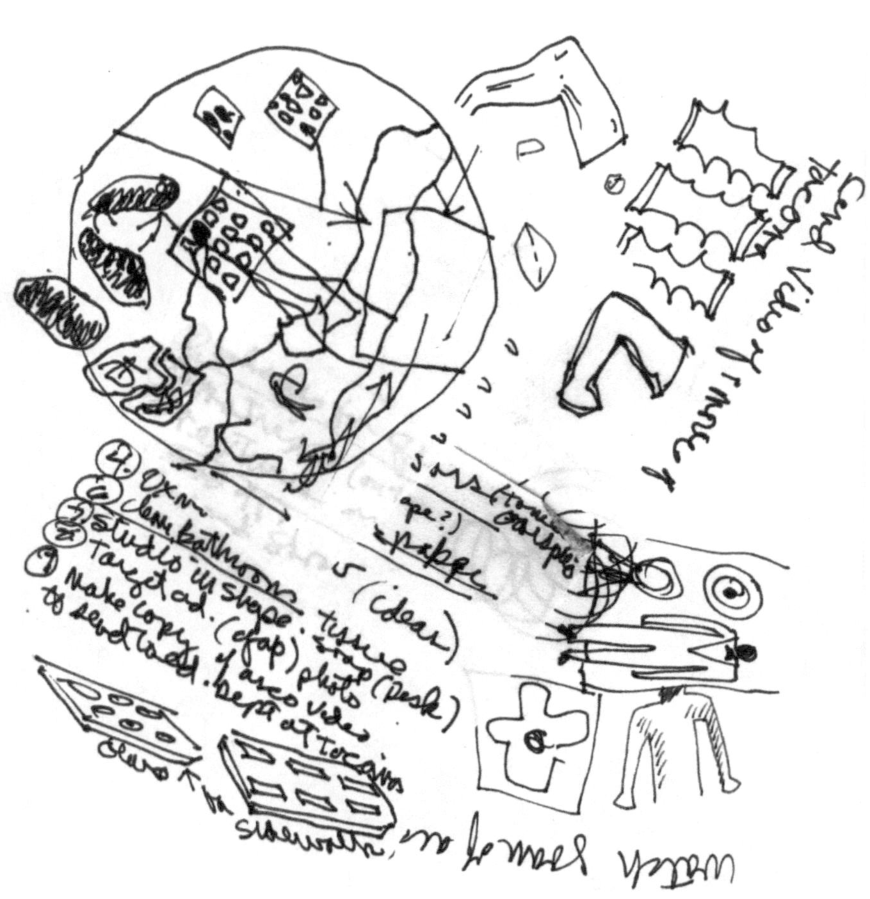

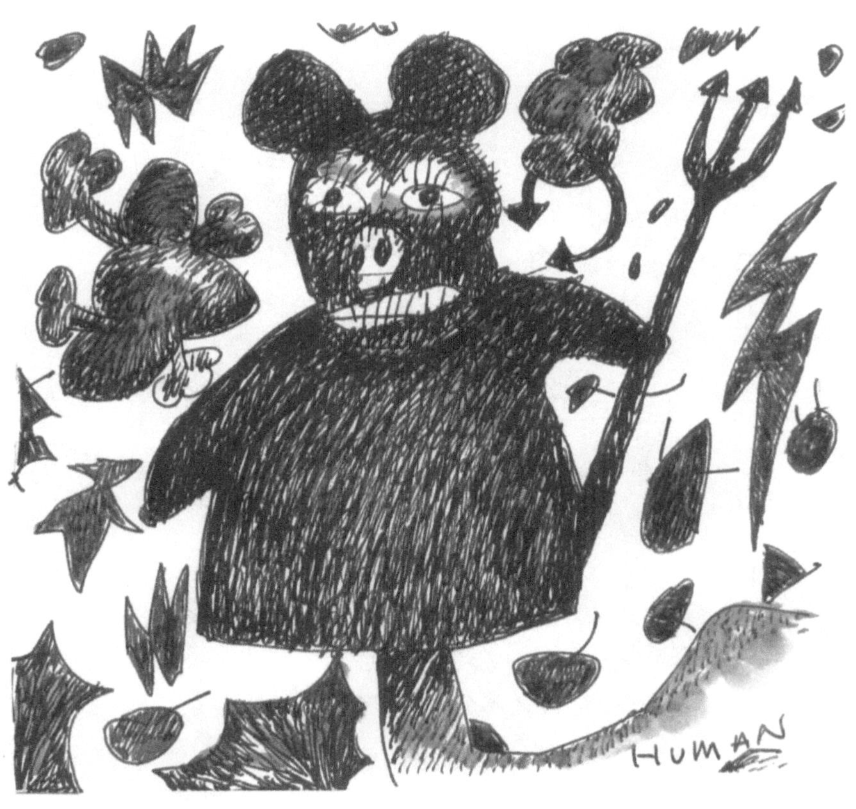

THIS WAS NOT CAVED
IN . . . .
IT WAS CAVED OUT.-
THEM

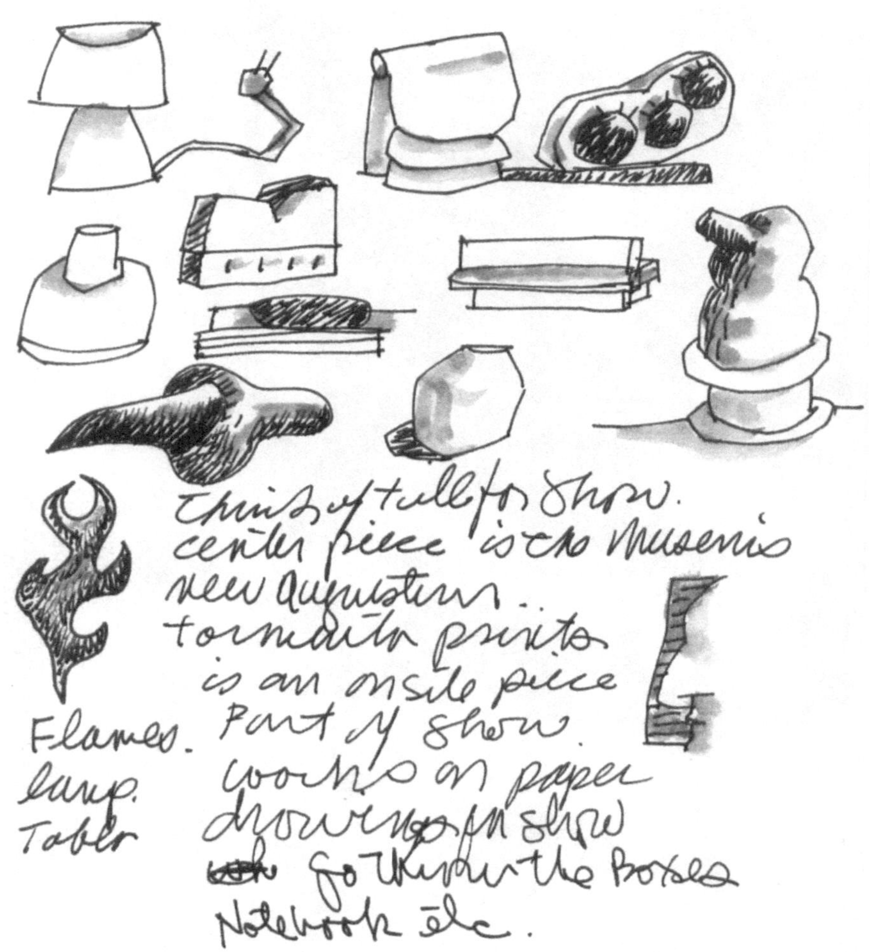

Flames.
lamp.
Table
This of tell for show.
center piece is the Museum's
new acquisition..
tornado prints
is an onsite piece
Part of show.
works on paper
drawings in show
go through the Boxes
Notebook etc.

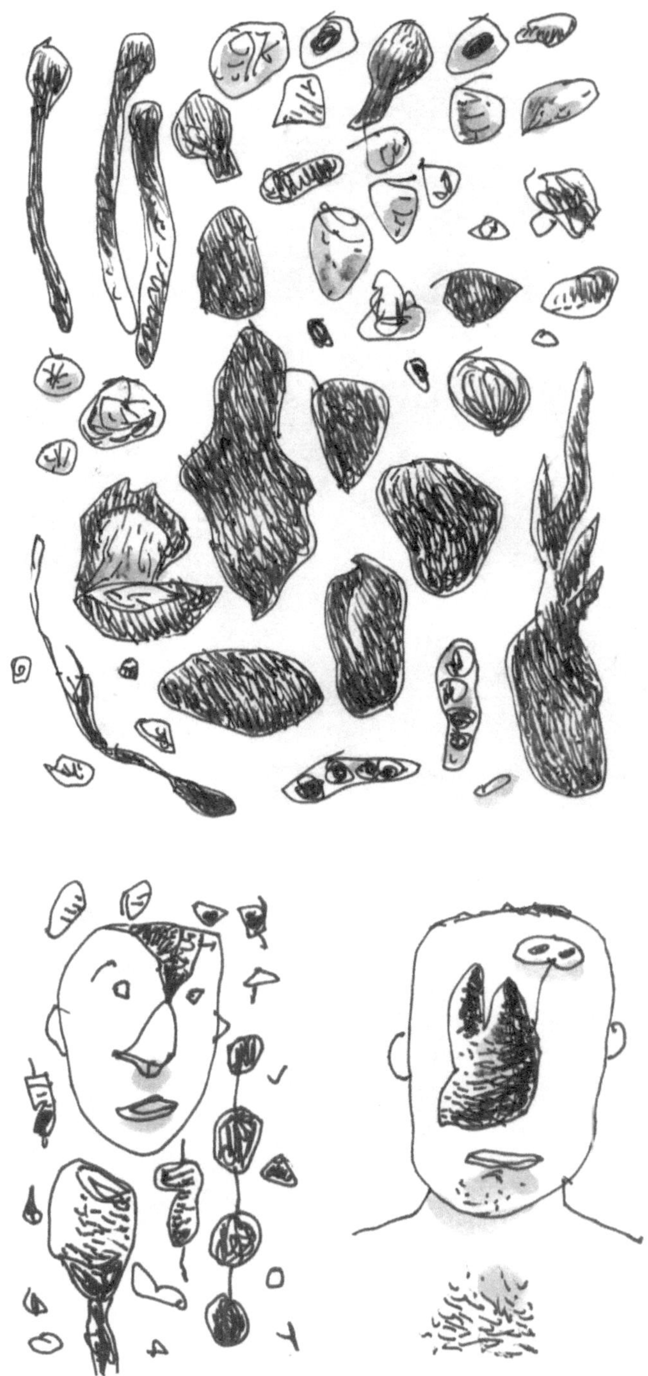

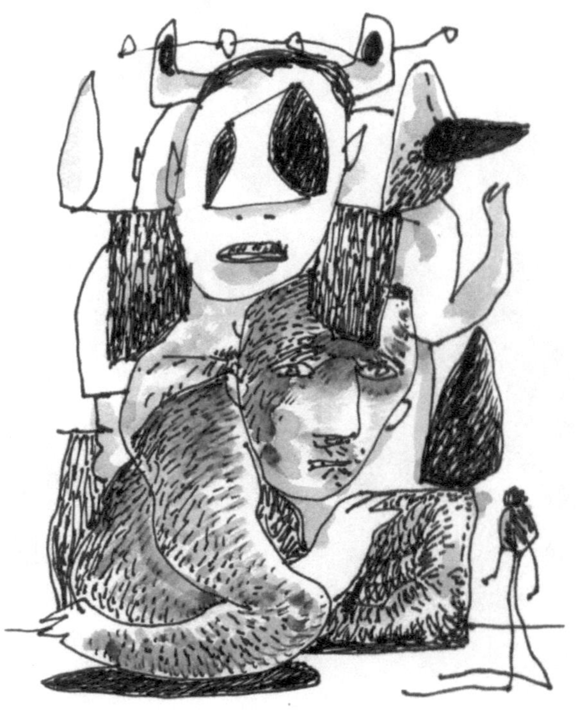
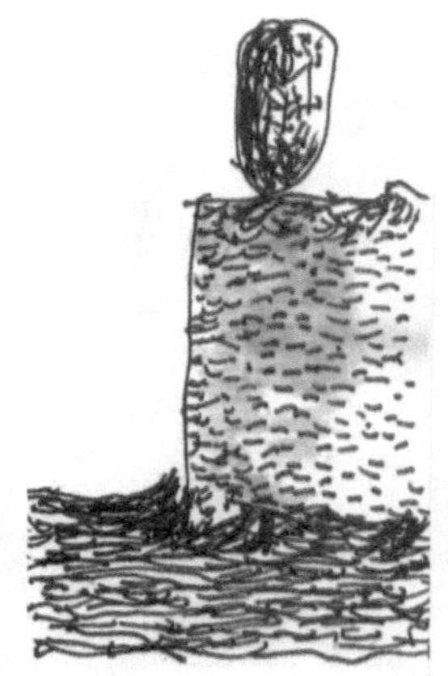
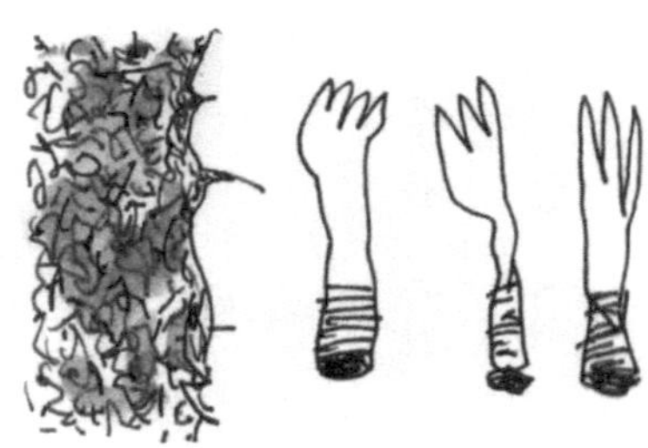
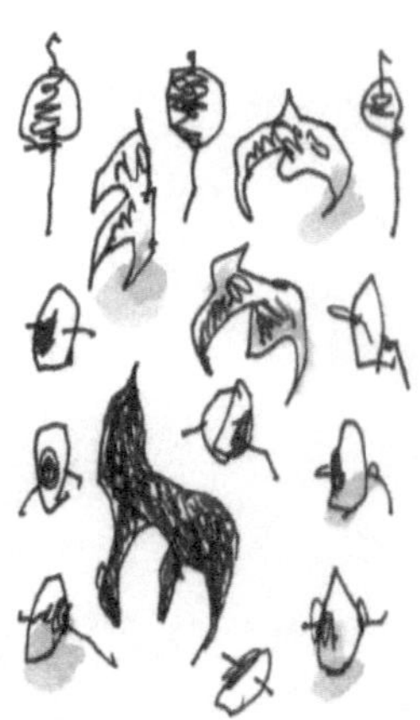

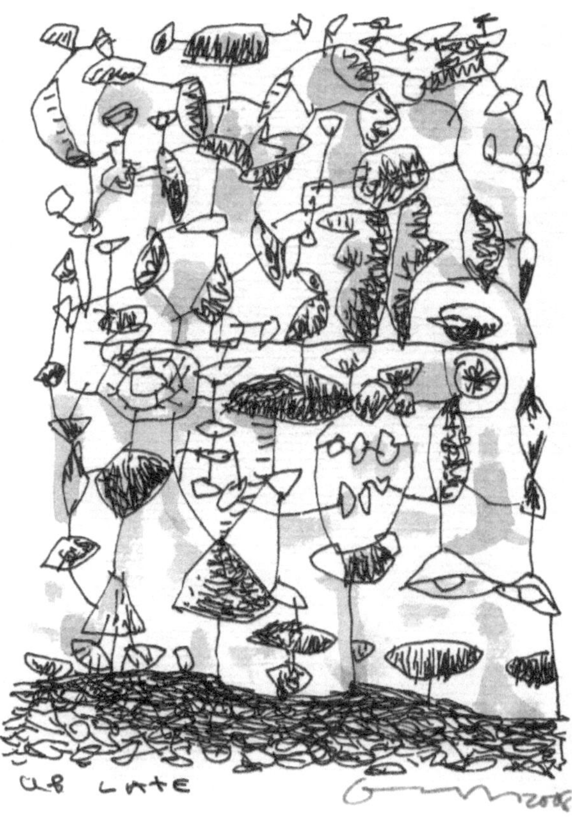

UP LATE

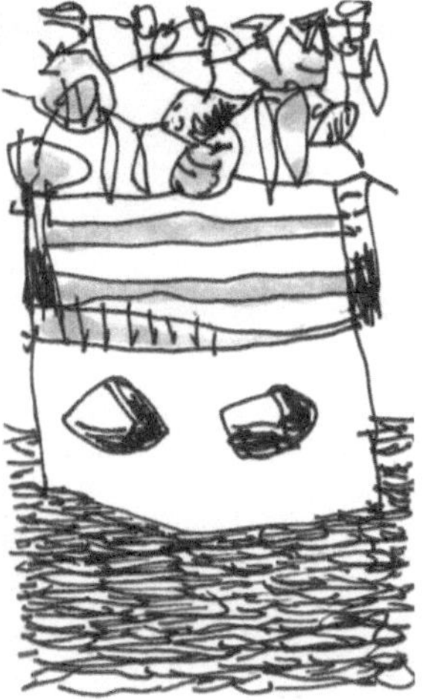

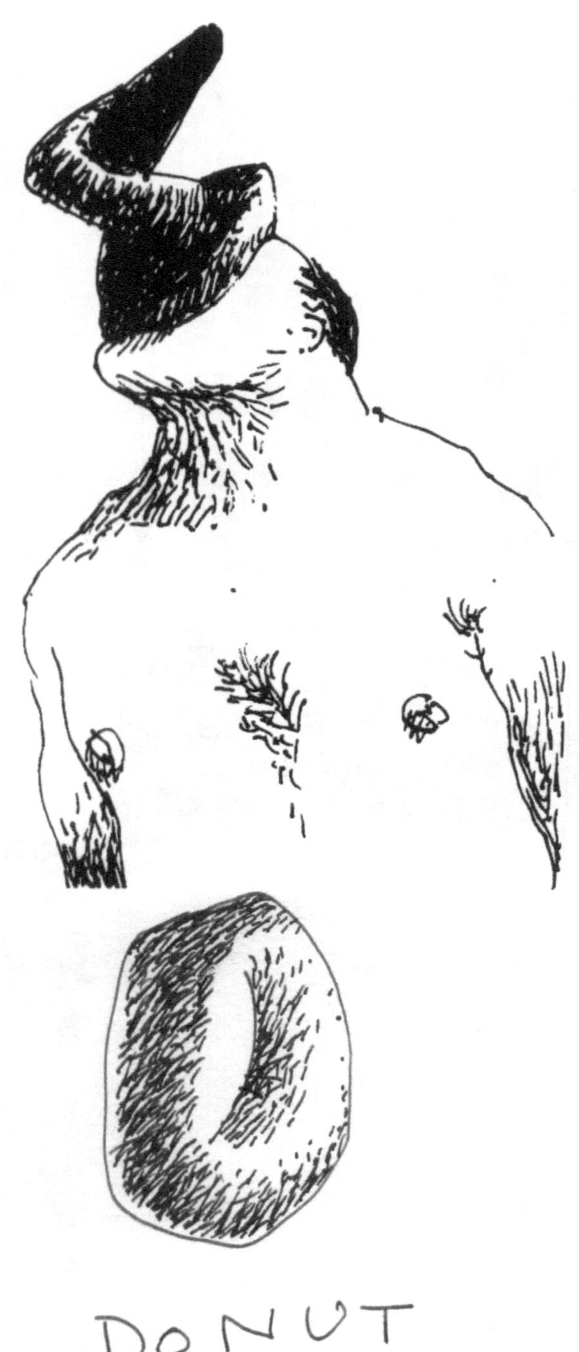

DONUT

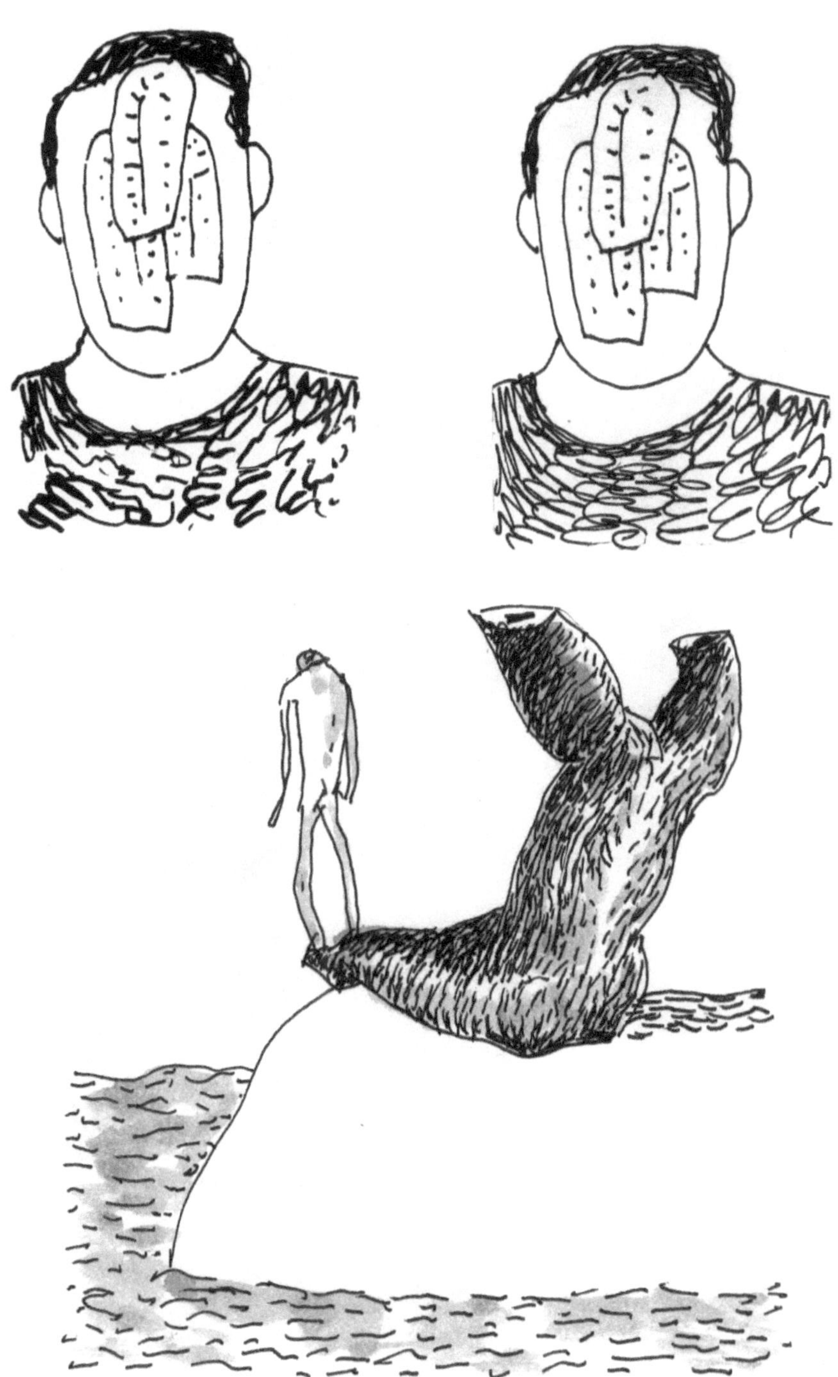

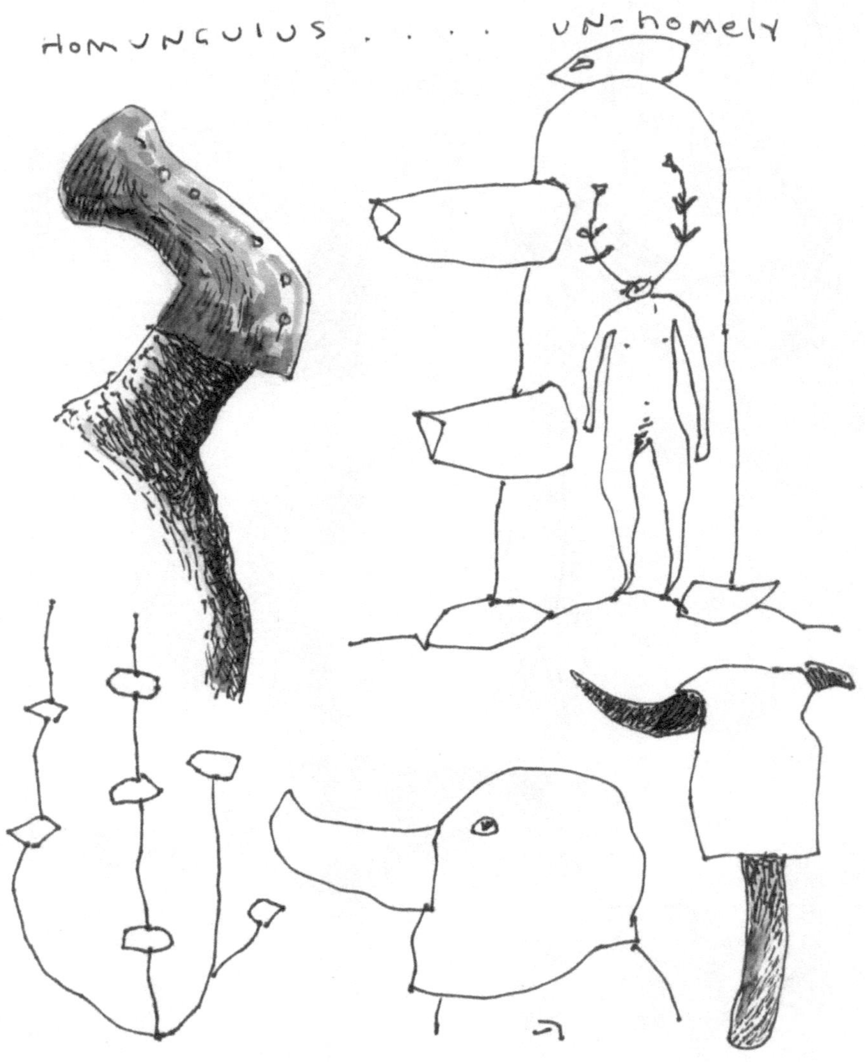

HOMUNCULUS . . . . . UN-homely

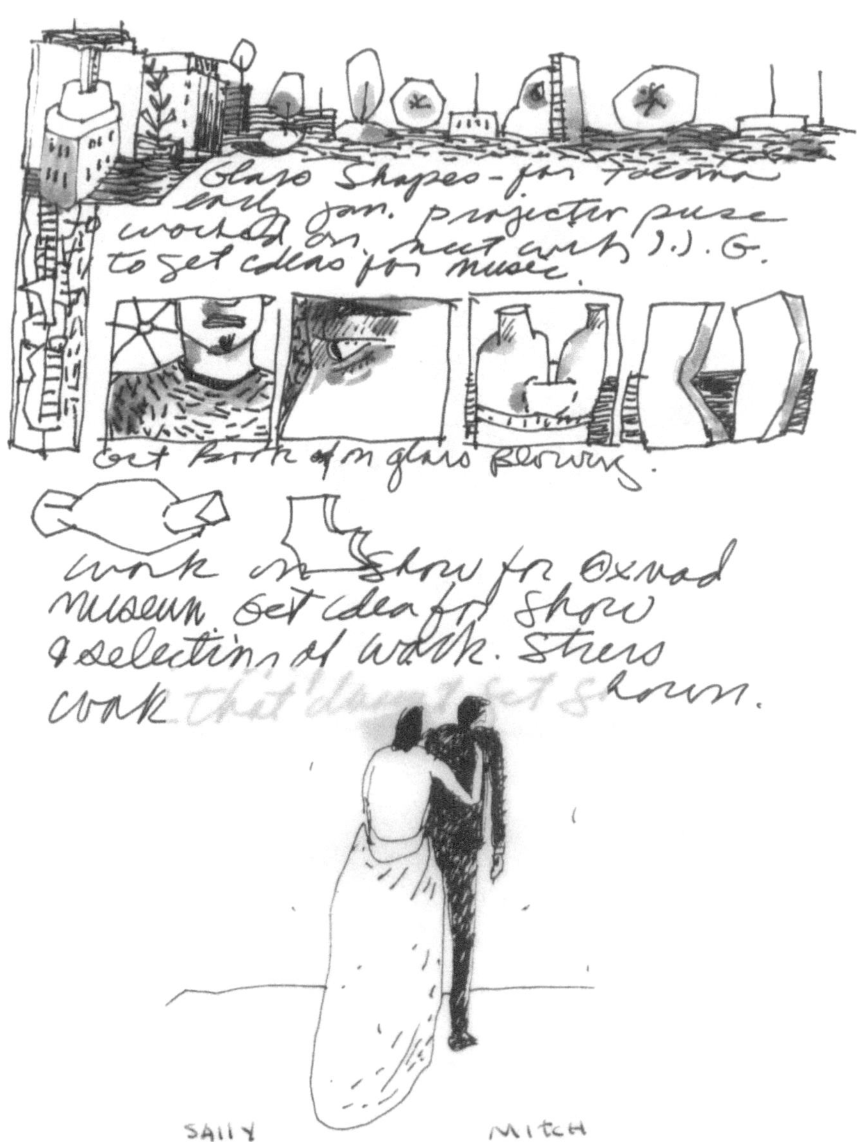
SAIIY   MITCH

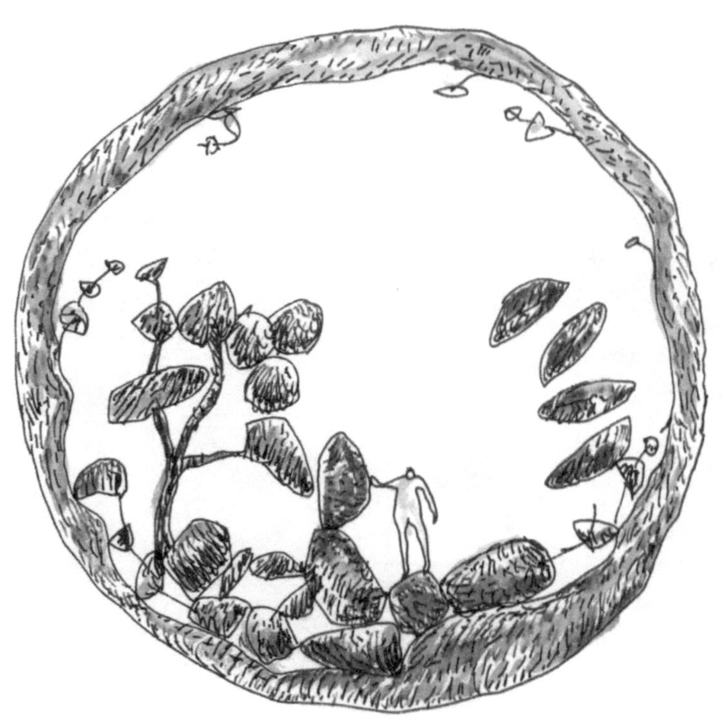

cherry   sparrow
chestnut   stag
apple   ox   candel
wolf   tree   light
fire, flames pearl
ashes   Rocks
earth   Smoke
Stone   Blood
Sun & moon   Foot
water   hand
head   Noah

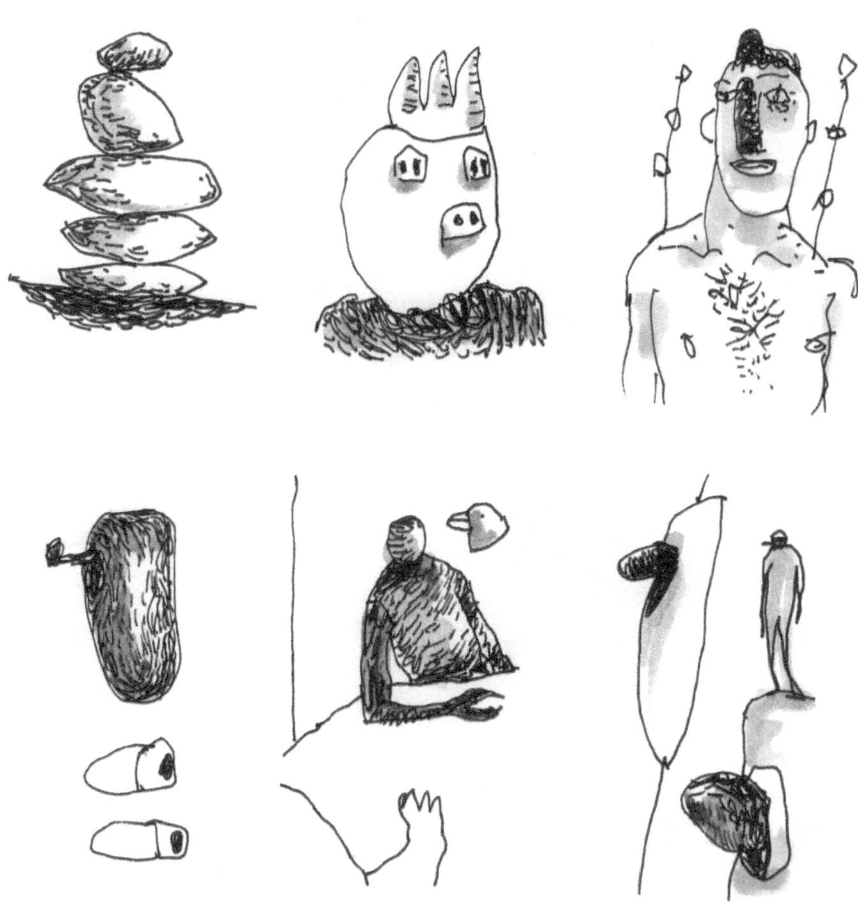

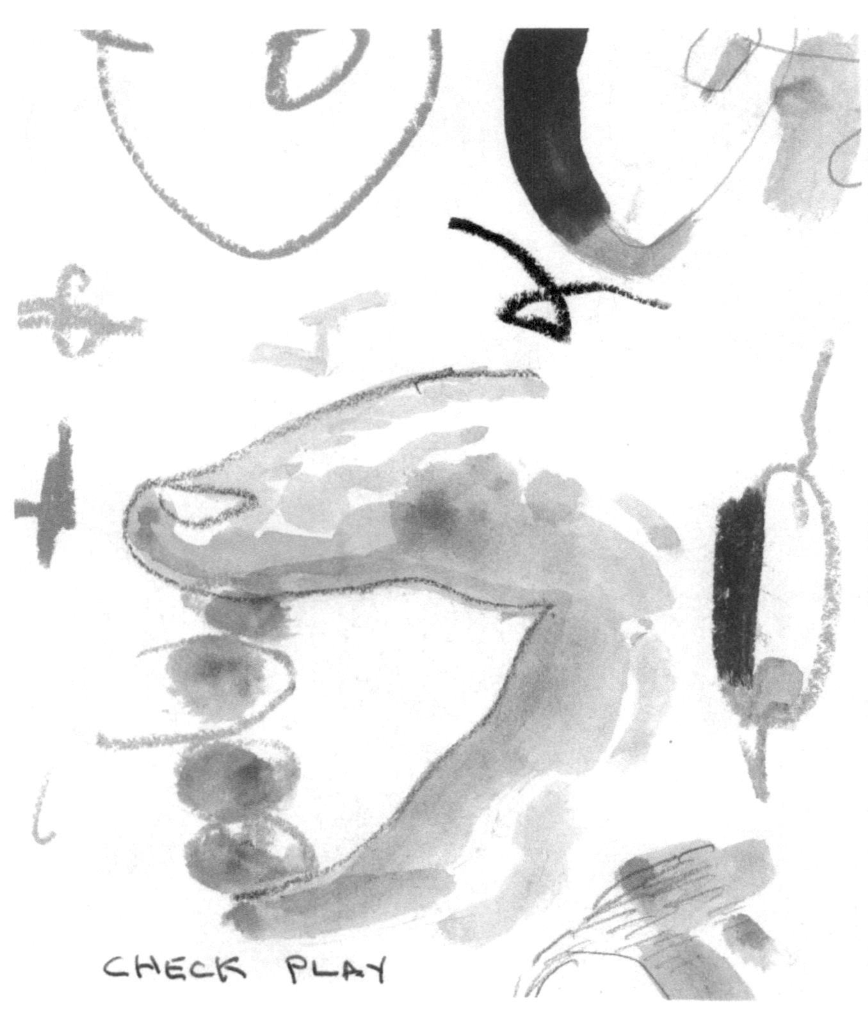

CHECK PLAY

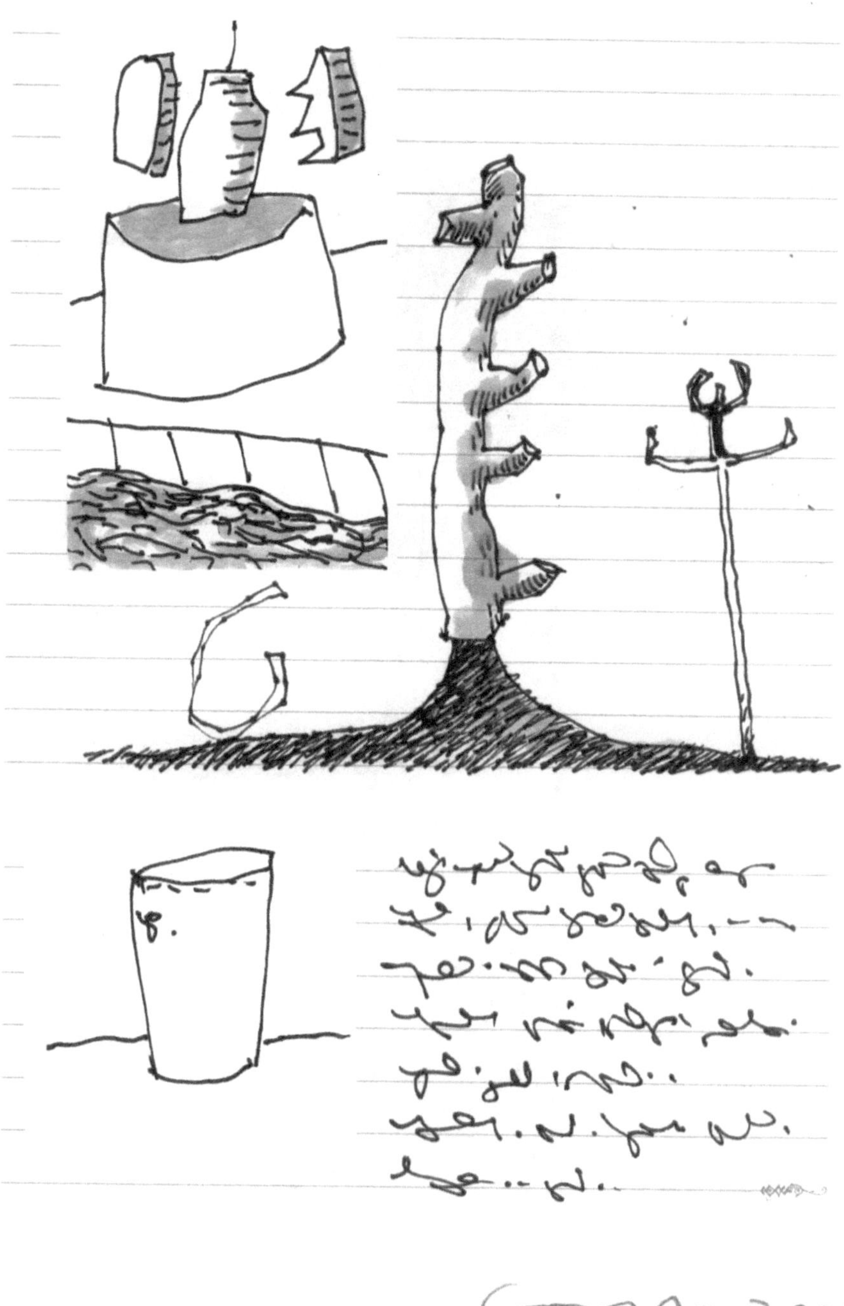

G~~ 2001

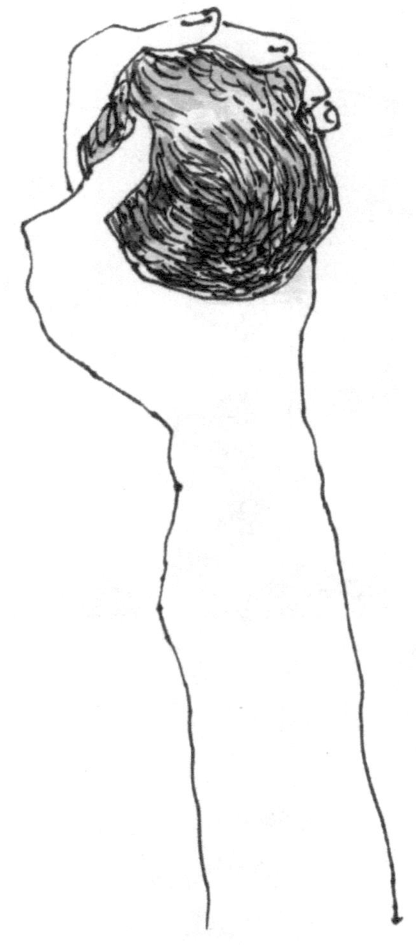

A ROCK to START a REVOLt
Well I Still DON'T KNOW.

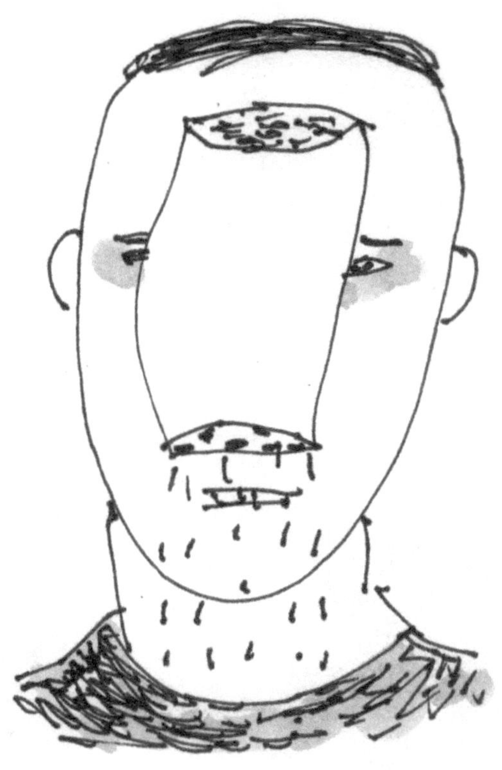

NOSE PEPPER
WITHOUT SALT
WITH OUT A LIGHTBULB

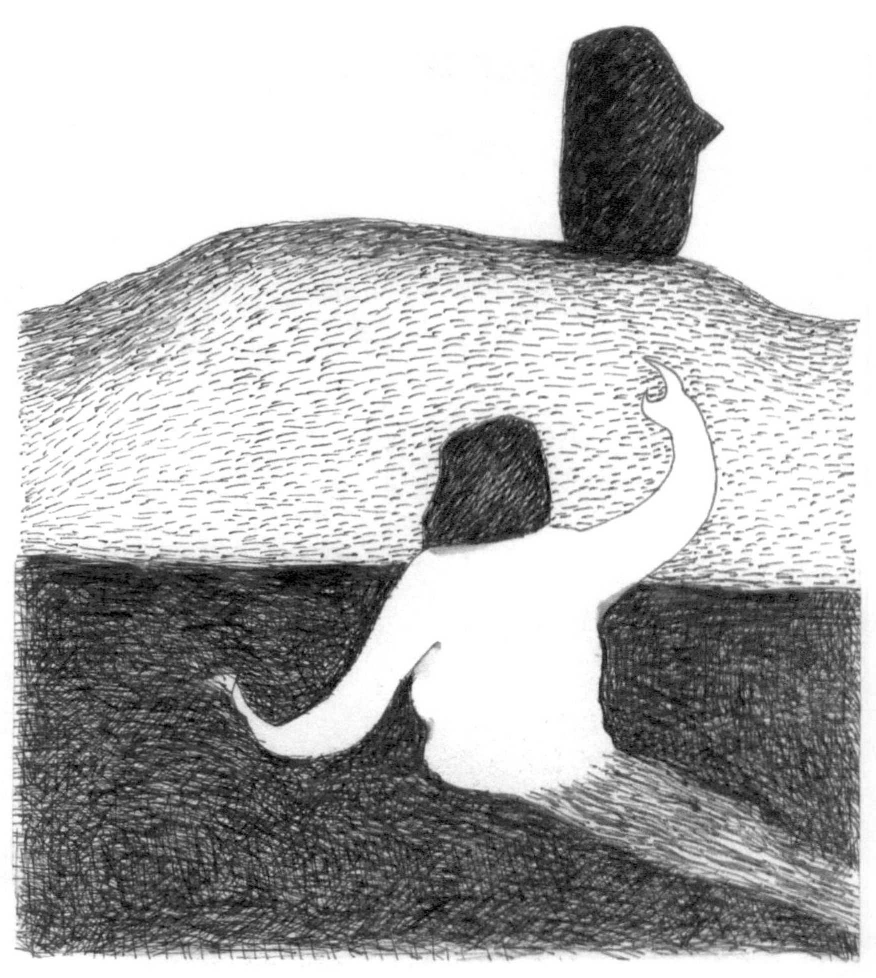

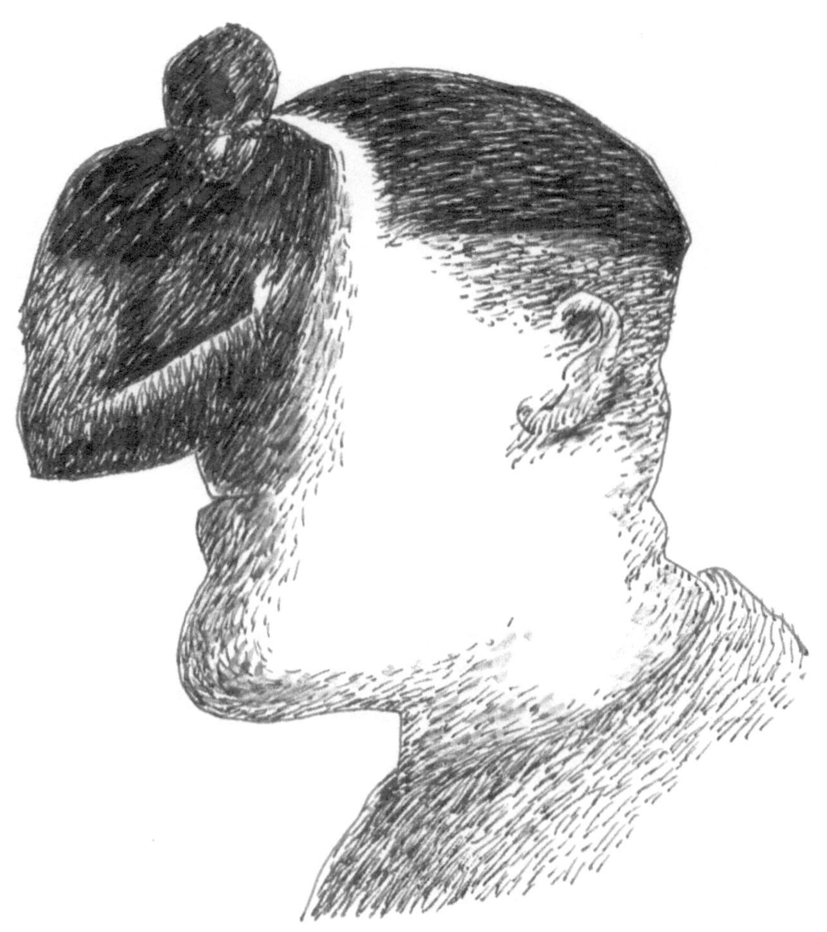

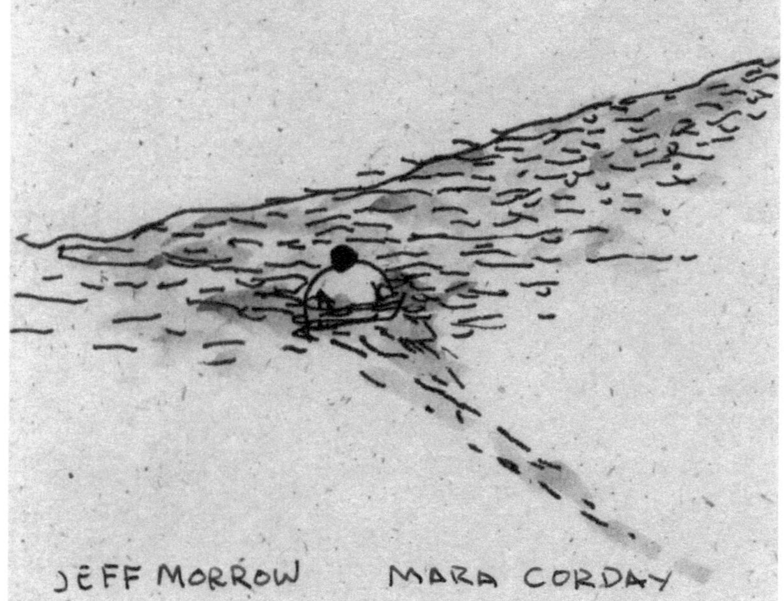

FROM
THE LIBRARY OF GRONK

PLEASE RETURN

JEFF MORROW   MARA CORDAY

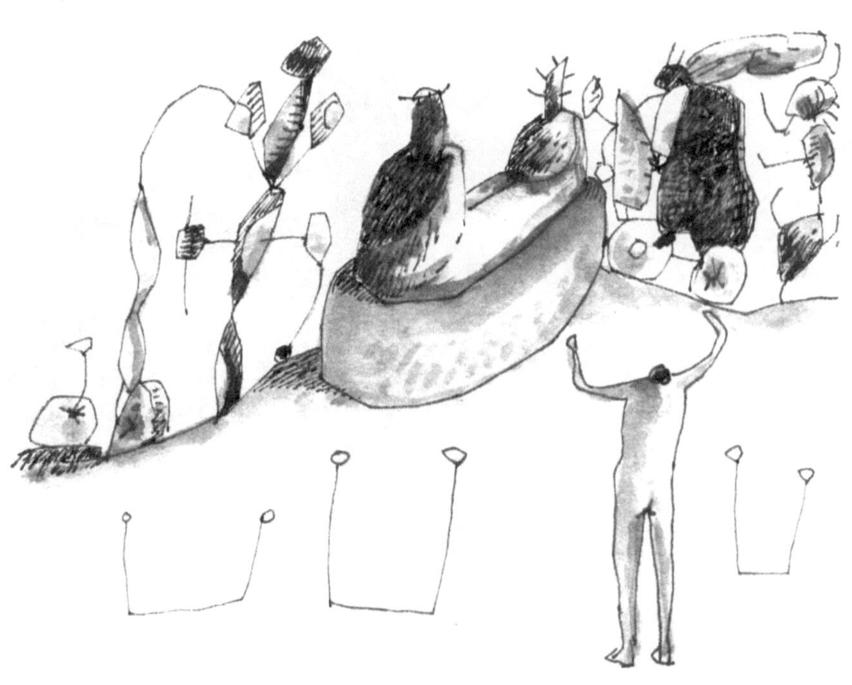

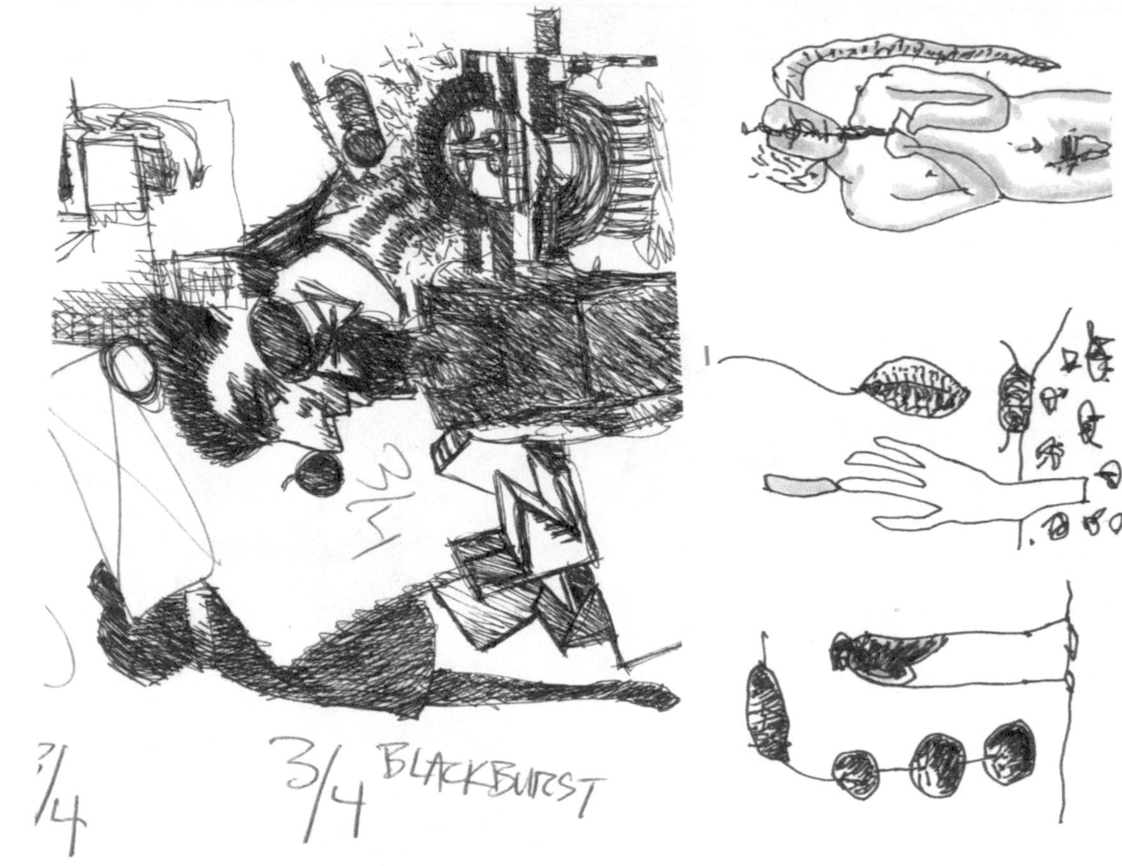
3/4
3/4
3/4 BLACKBURST

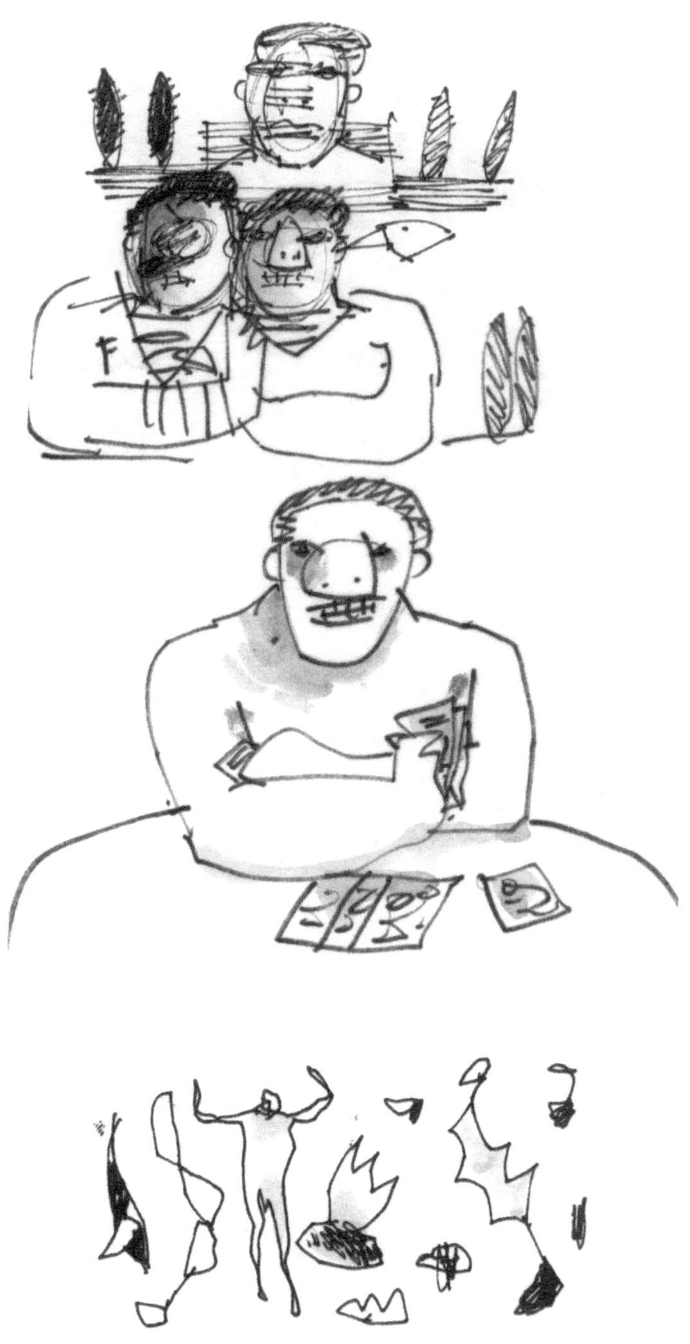

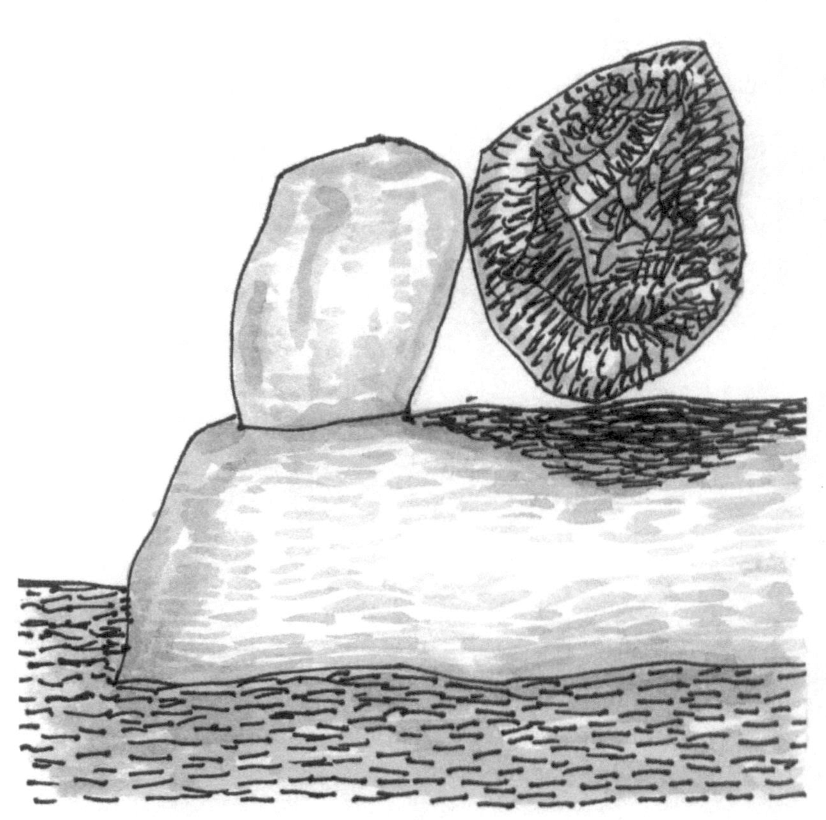

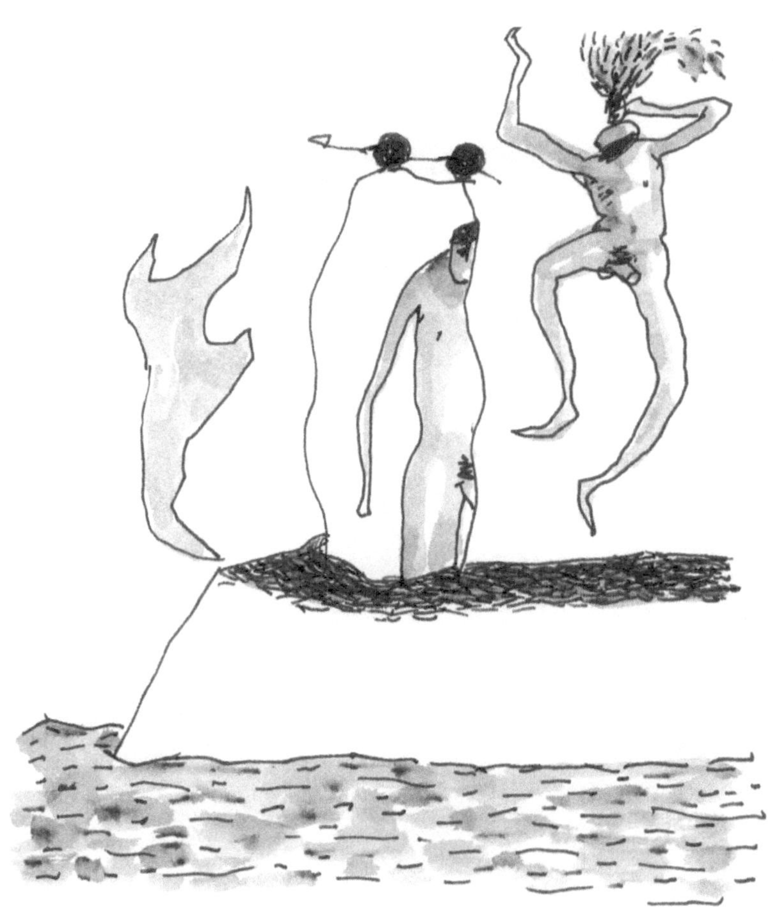

SHUT THE DOOR

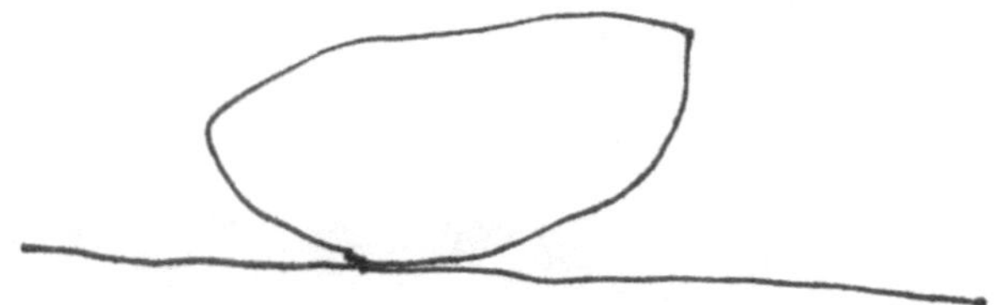

PIll ow   SHOT

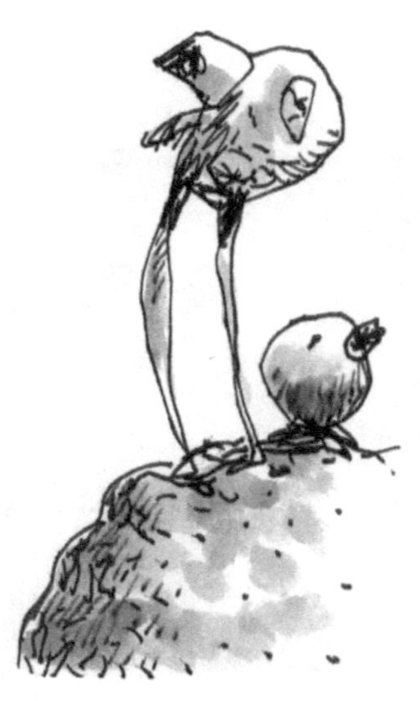

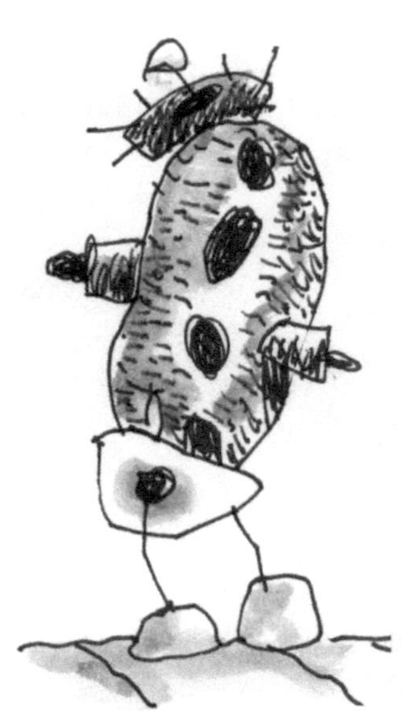

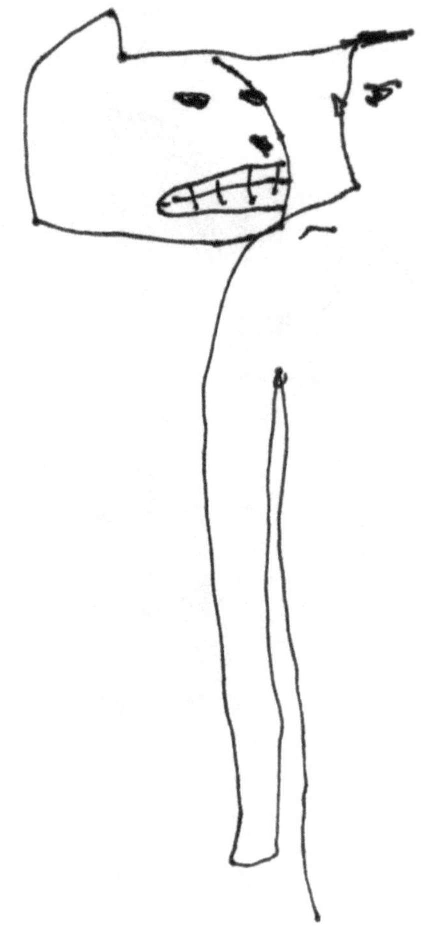

A SECRET CHIP

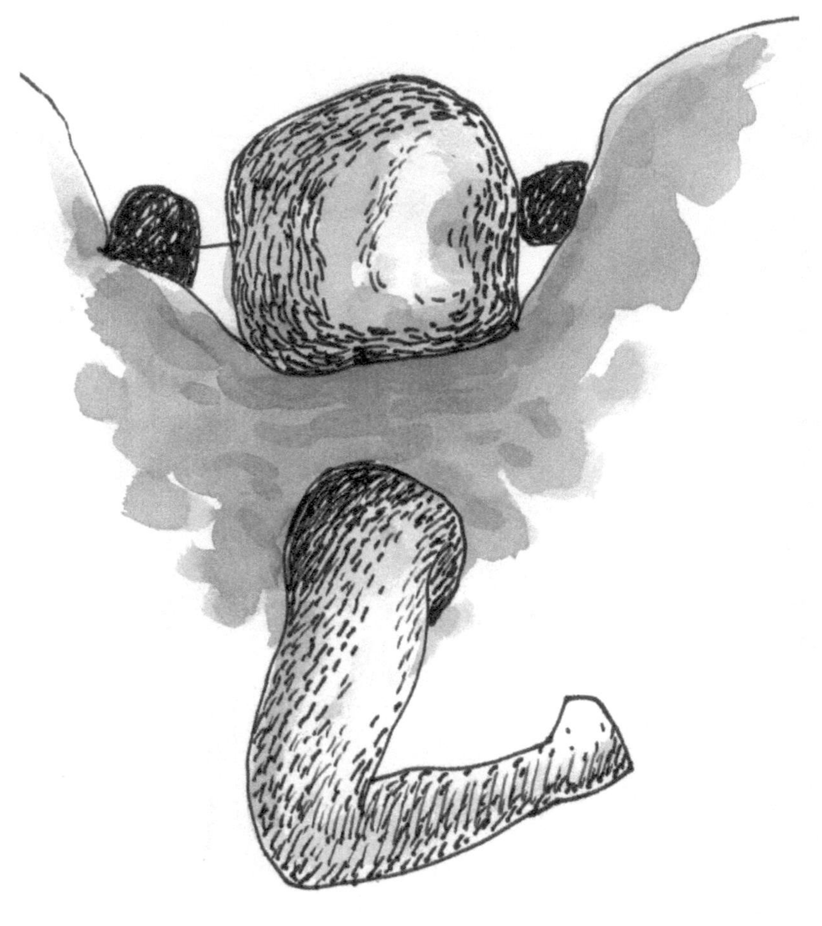

CORINTH ARM

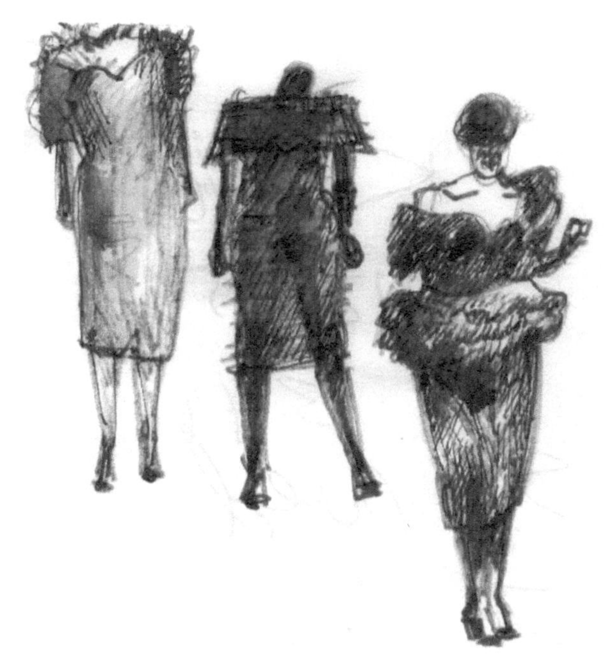

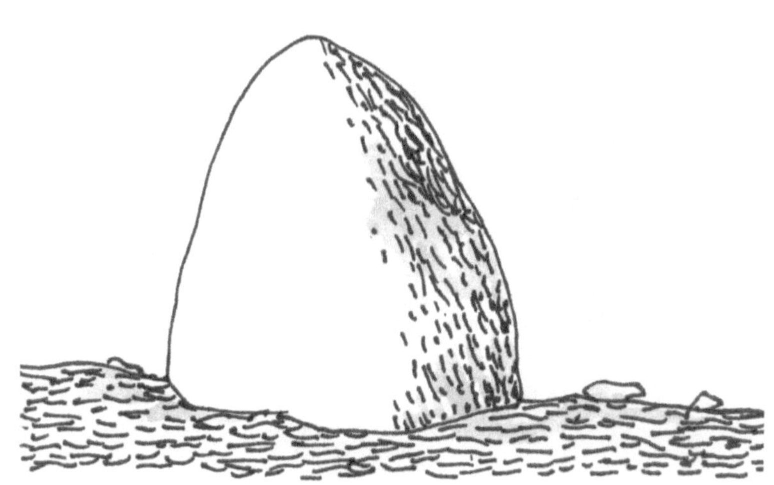

EERIE LIGHT

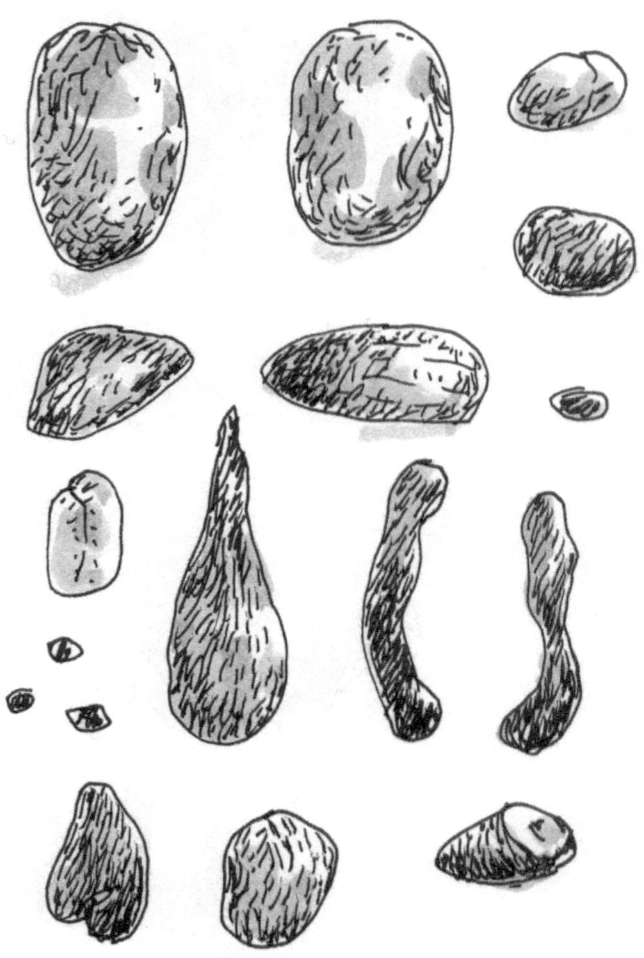

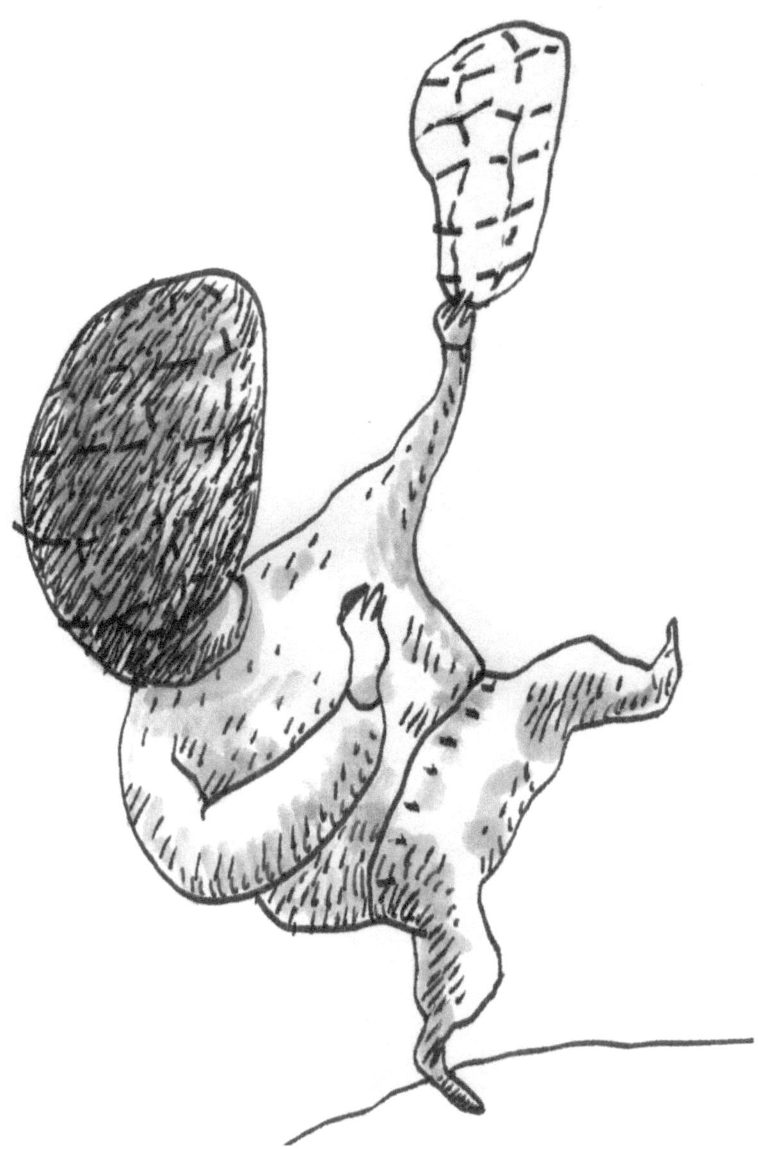

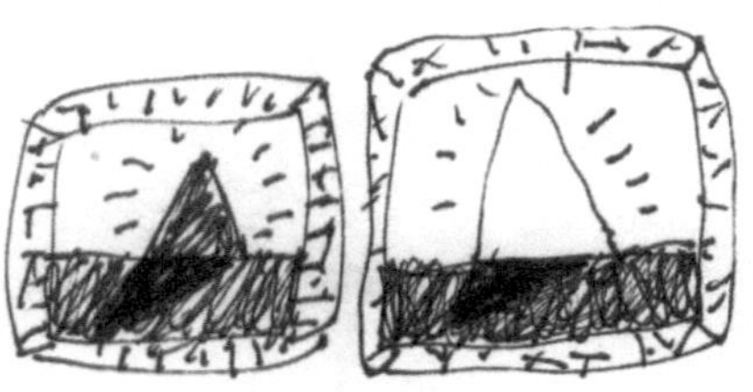

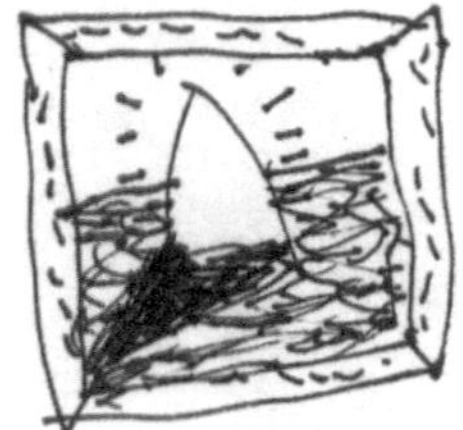

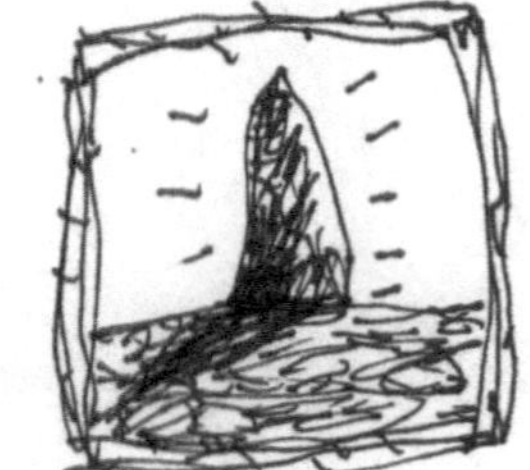

CANDLES

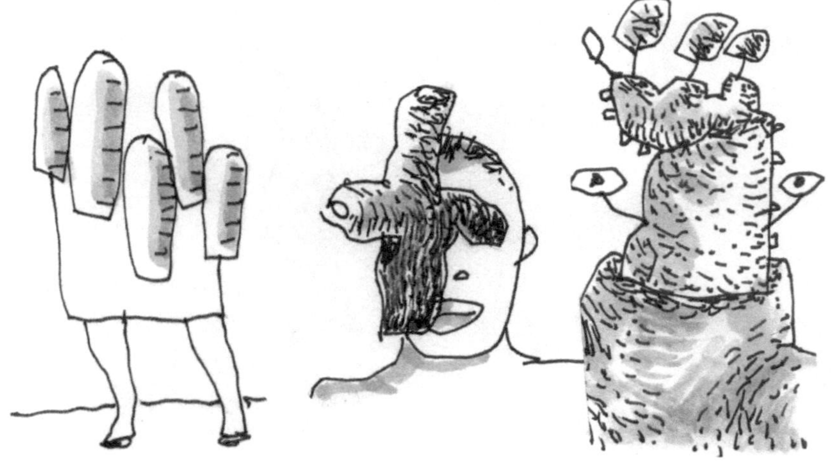

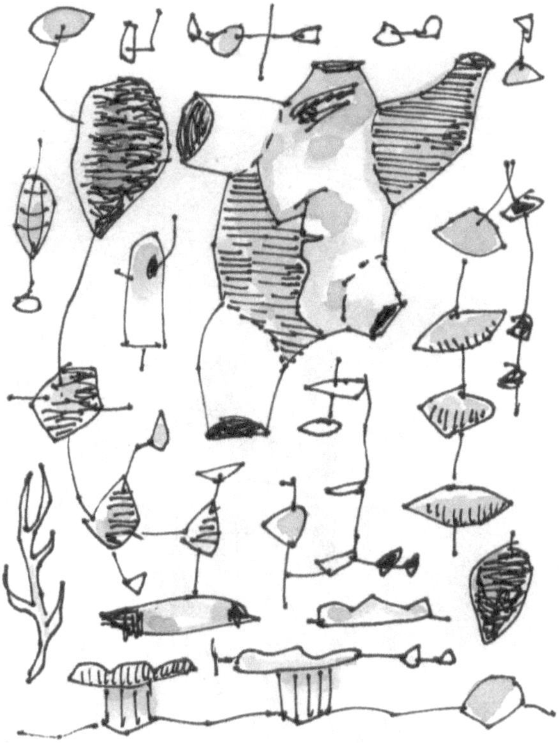

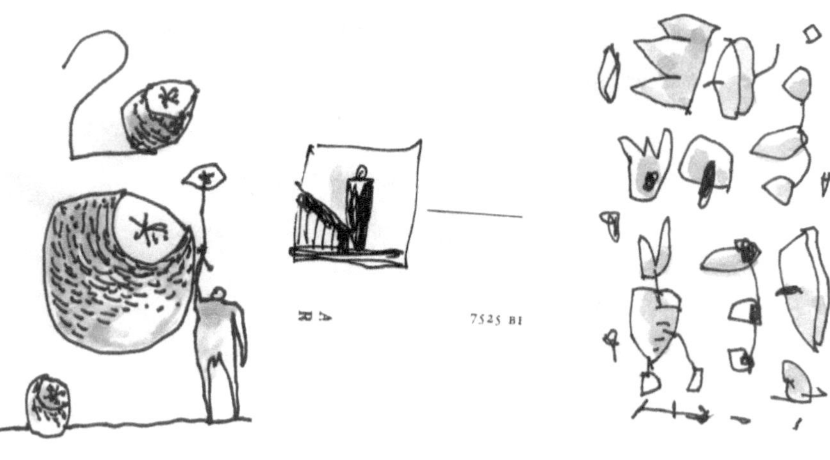
R
A
7525 BI

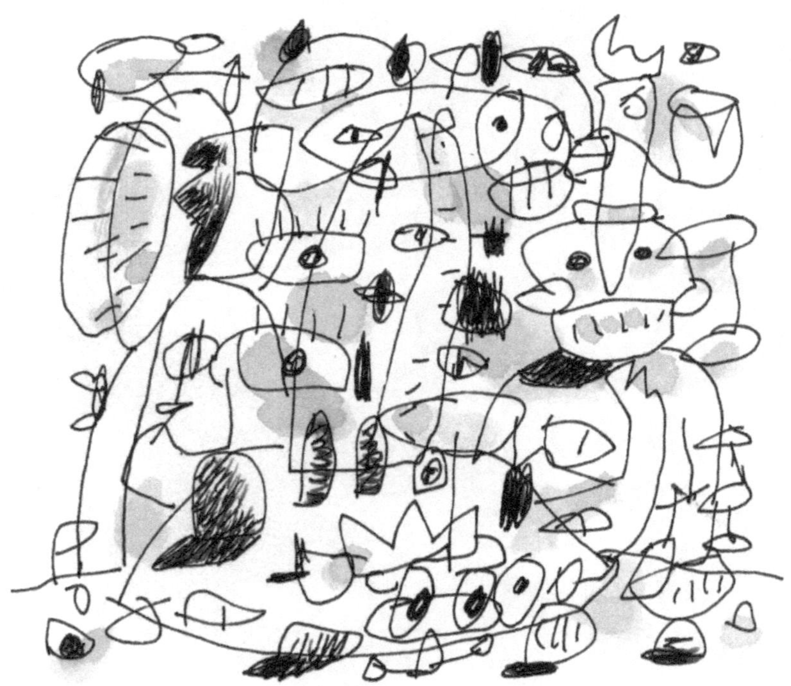

IN THE COURT YARD
LAUGHING
HIS GREEN HAIR ON END
BOTTLE CAP HEART
NOT AN ARROW,
BUT A PUSH PINE
THROUGH IT

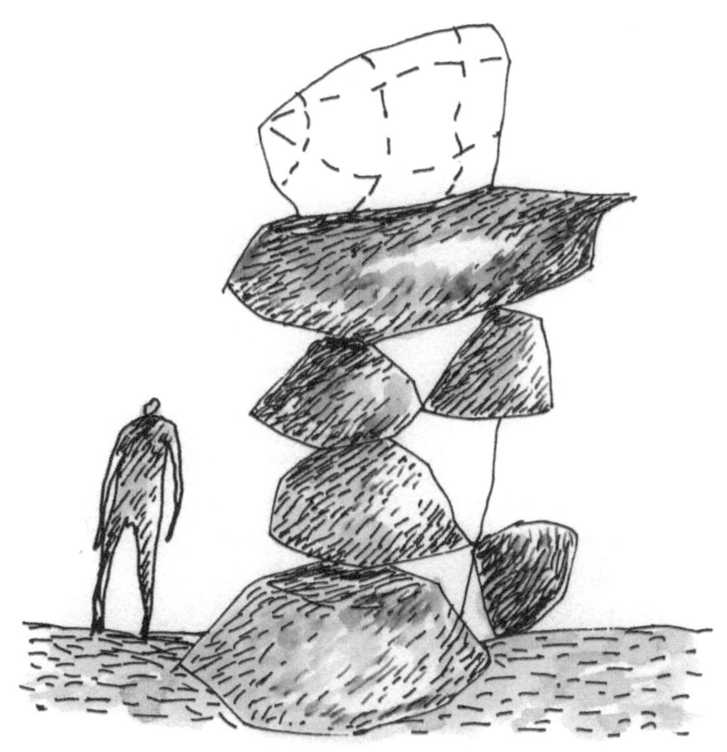

REX   REASON

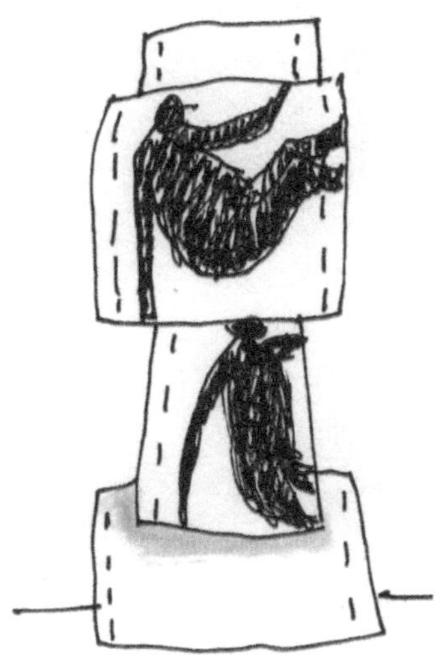

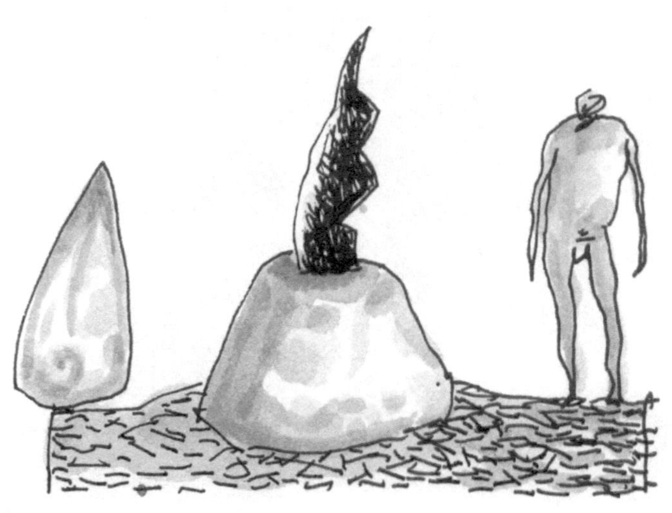

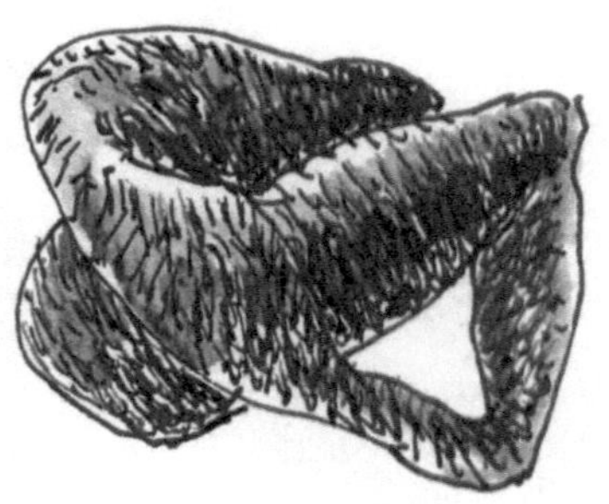

REX REASON

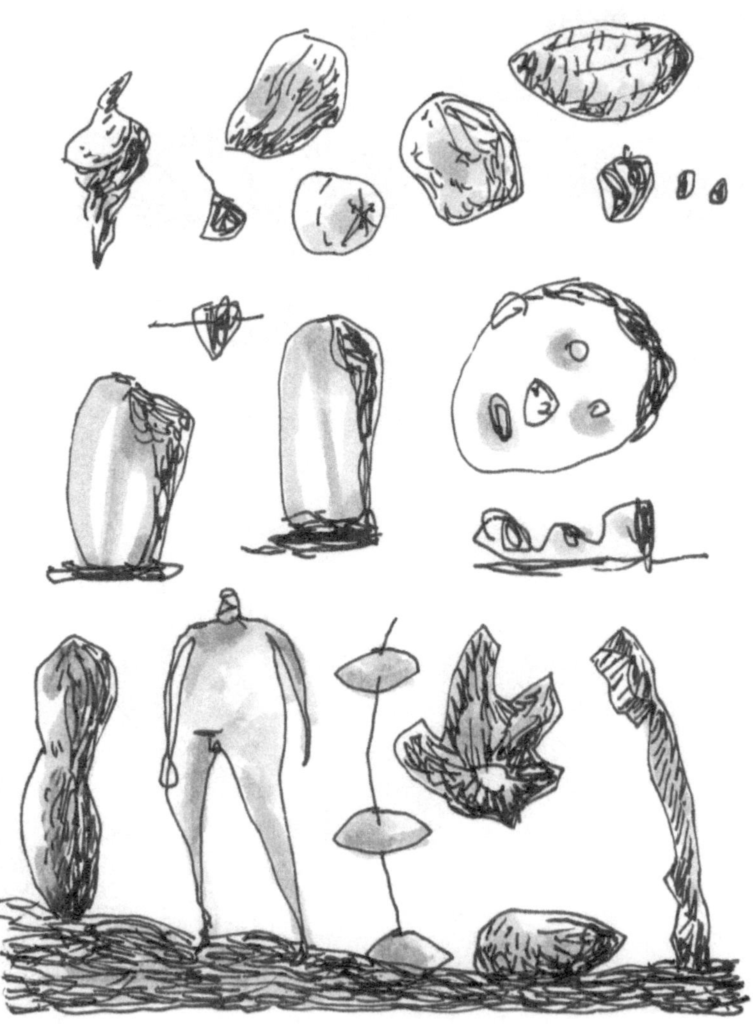

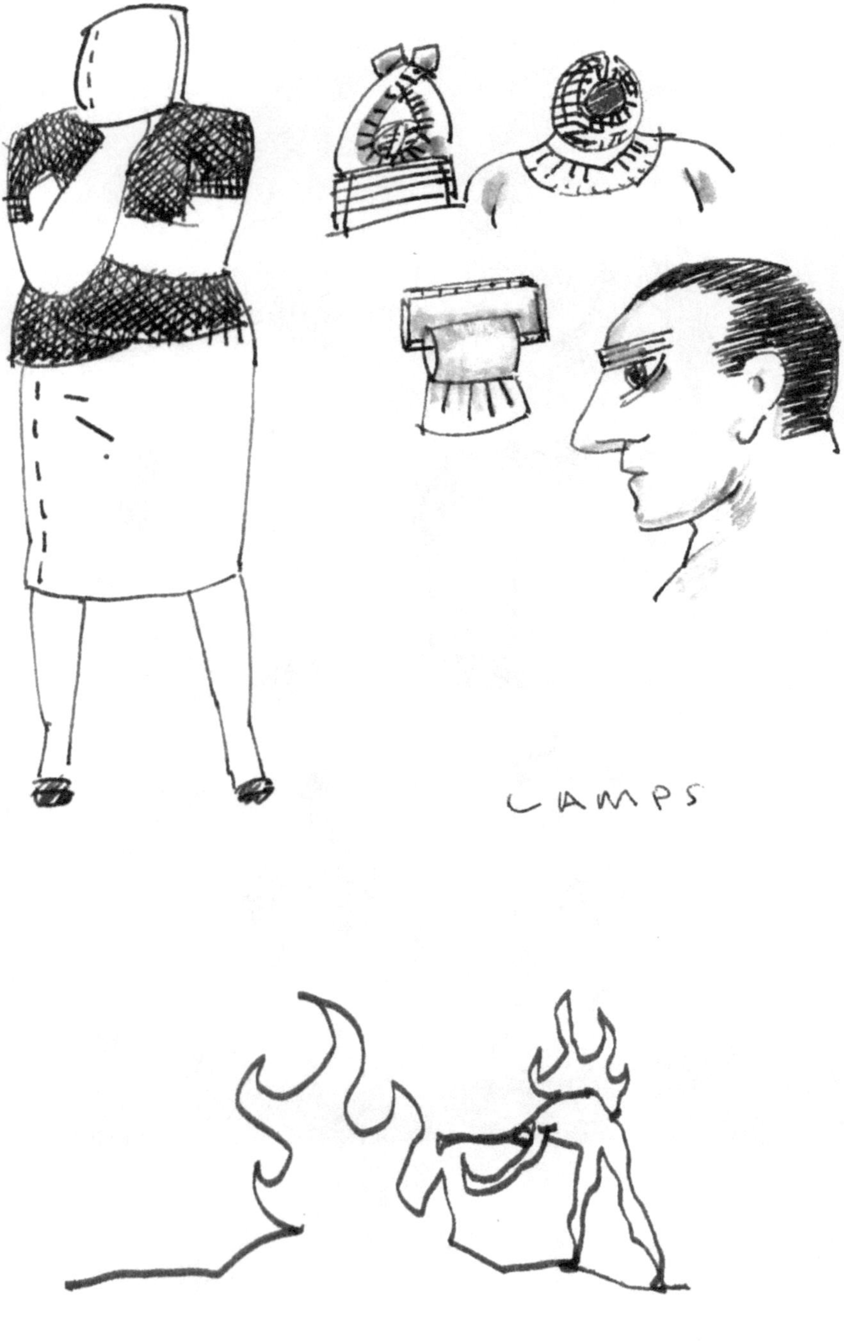

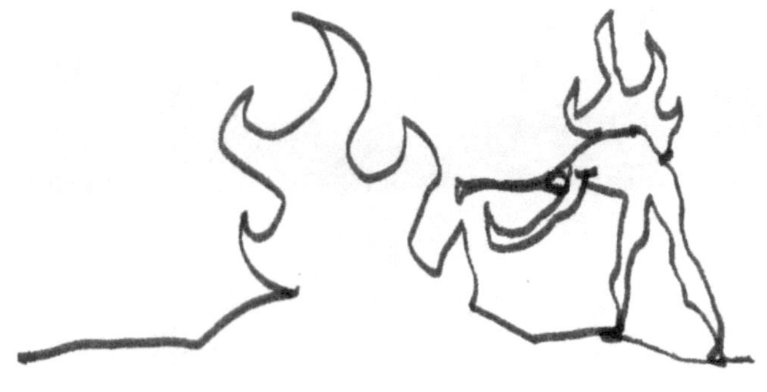

CAMPS

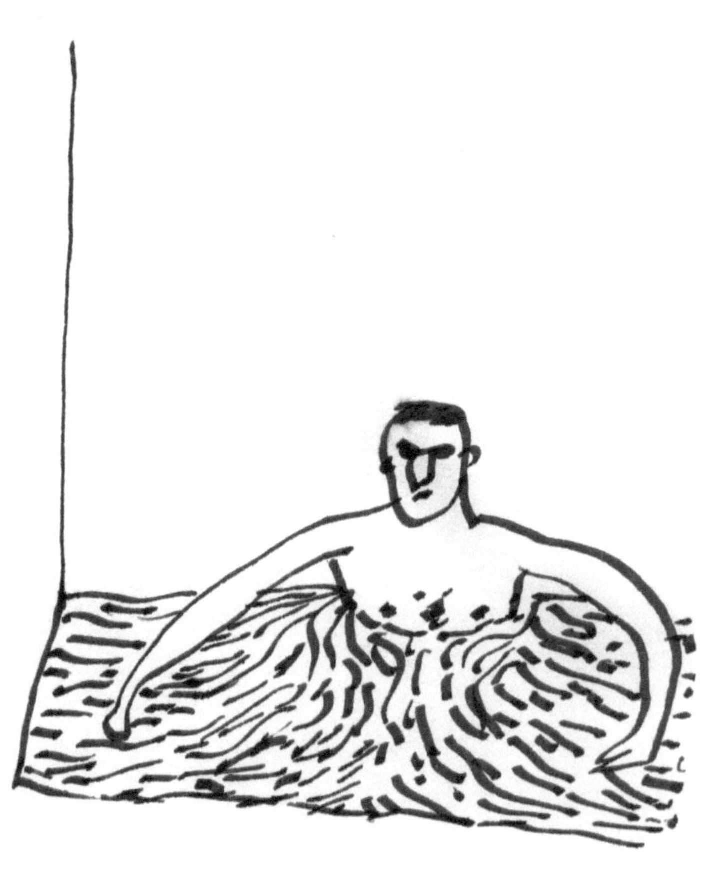

WATER

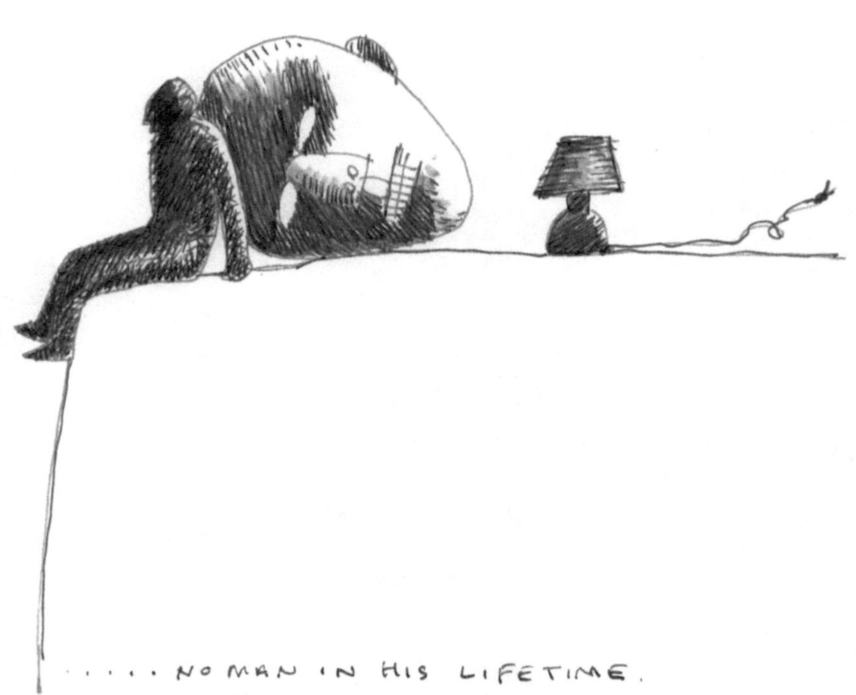
.....NO MAN IN HIS LIFETIME.

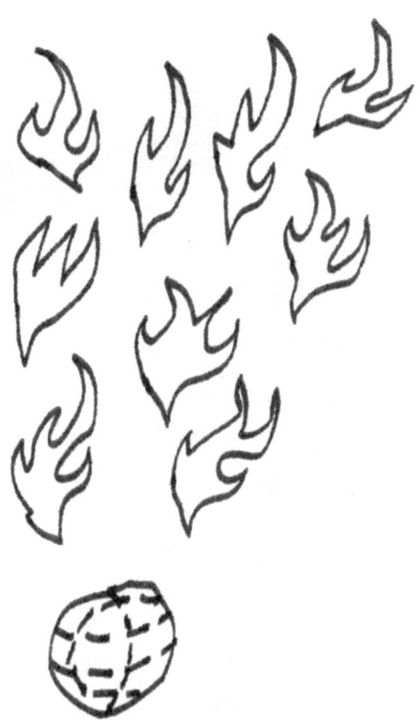

.. COULD CIRCLE IT

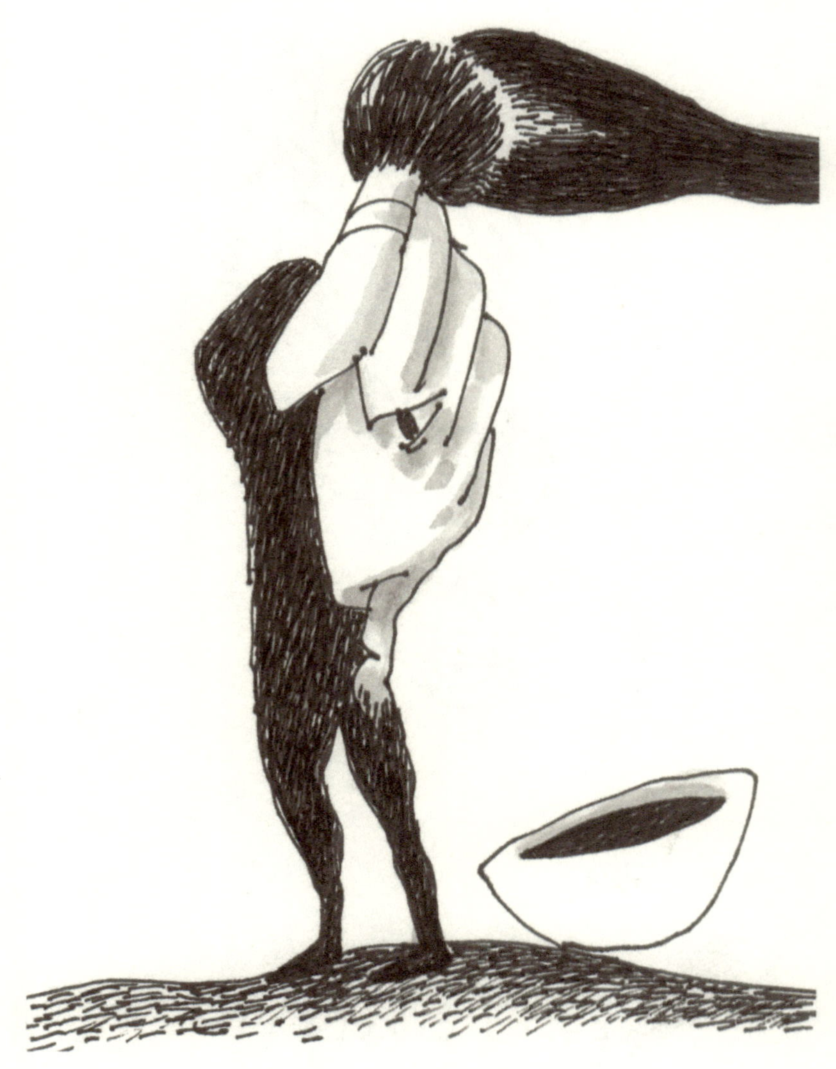

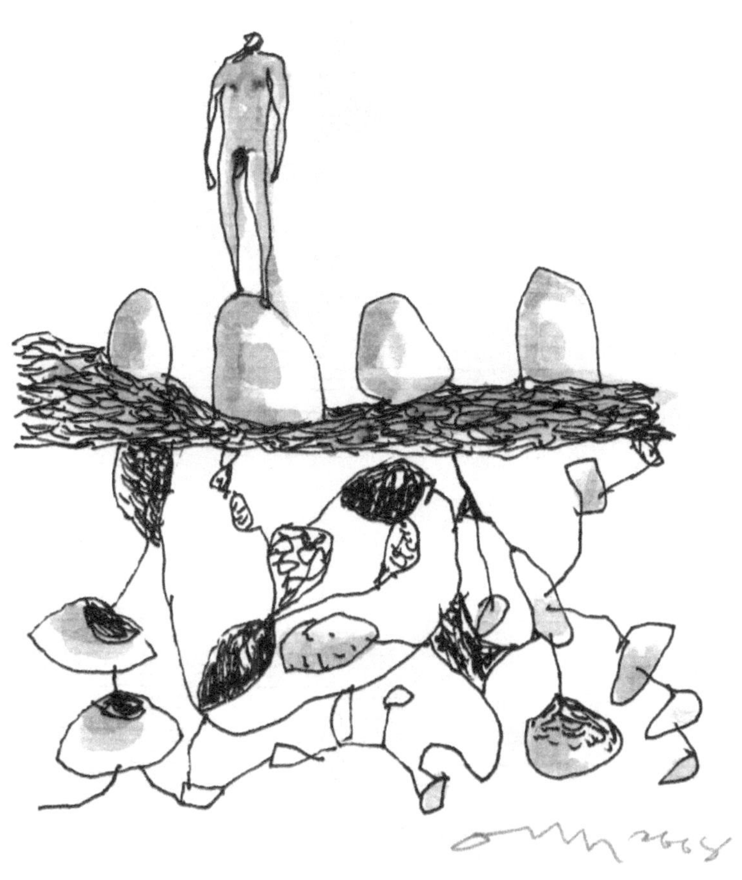

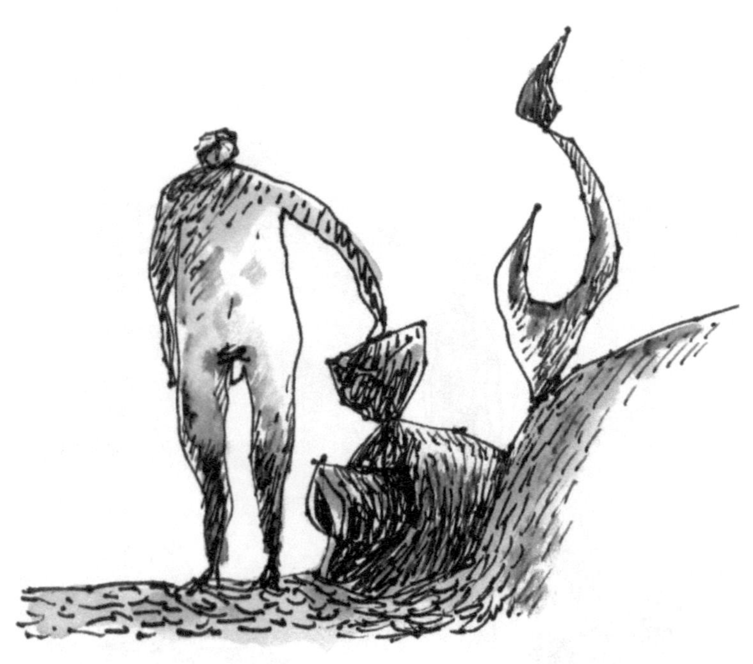

HIDDEN

Xlo

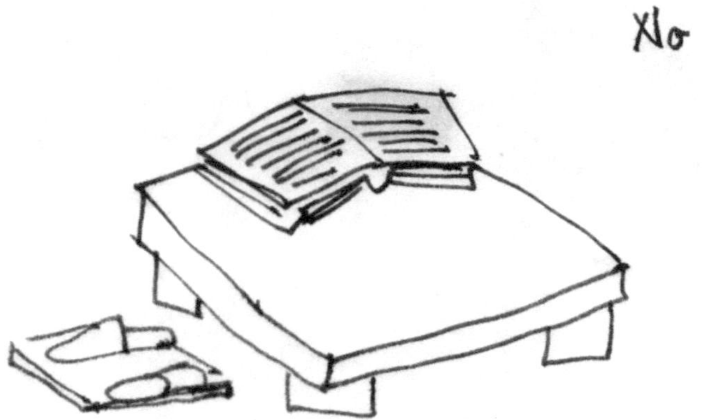

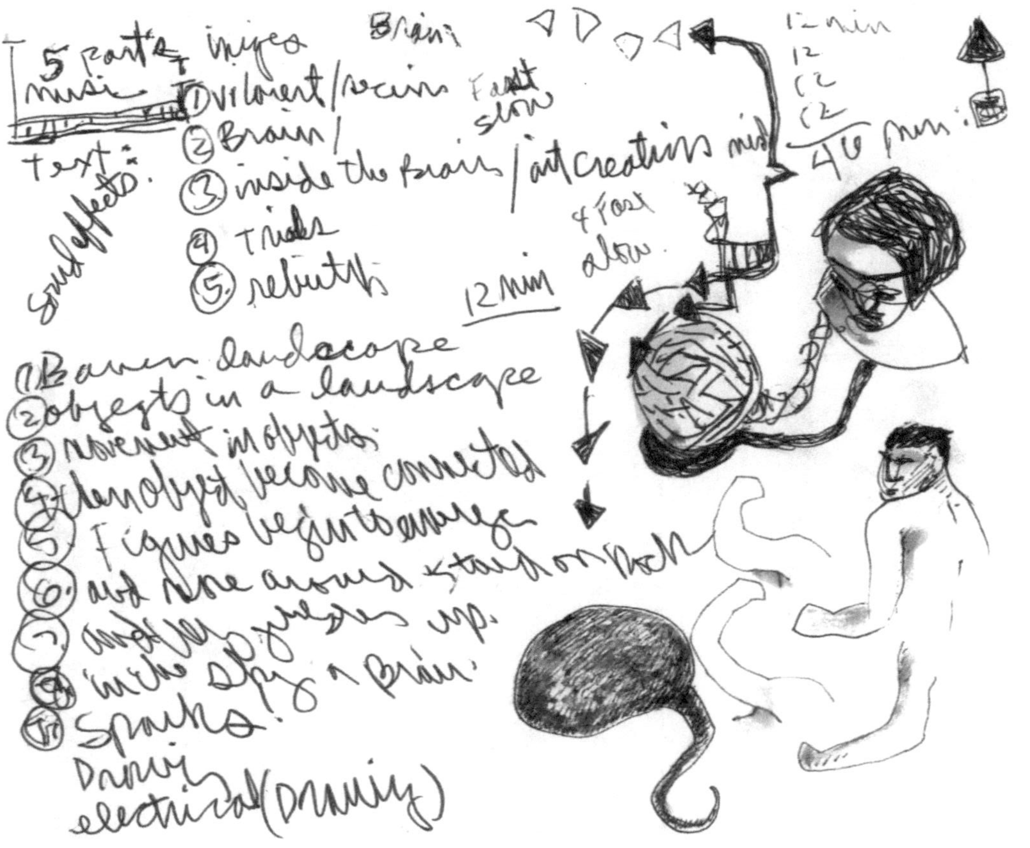

5 parts images   Brain
music
Text: ① violent / scene Fast
soundeffects. ② Brain /   slow
         ③ inside the brain / art creation mid
         ④ Tricks   & Fast
         ⑤ rebirth   slow.
                        12 min
① Barren landscape
② objects in a landscape
③ movement in objects
④ then objects become connected
⑤ Figures begin to emerge
⑥ and then around start to form
⑦ and the figures up.
⑧ inside by a Brain.
⑨ Sparks! a Brain.
Drawing
electrical (Drawing)

1=min
12
(2
(2
40 min.

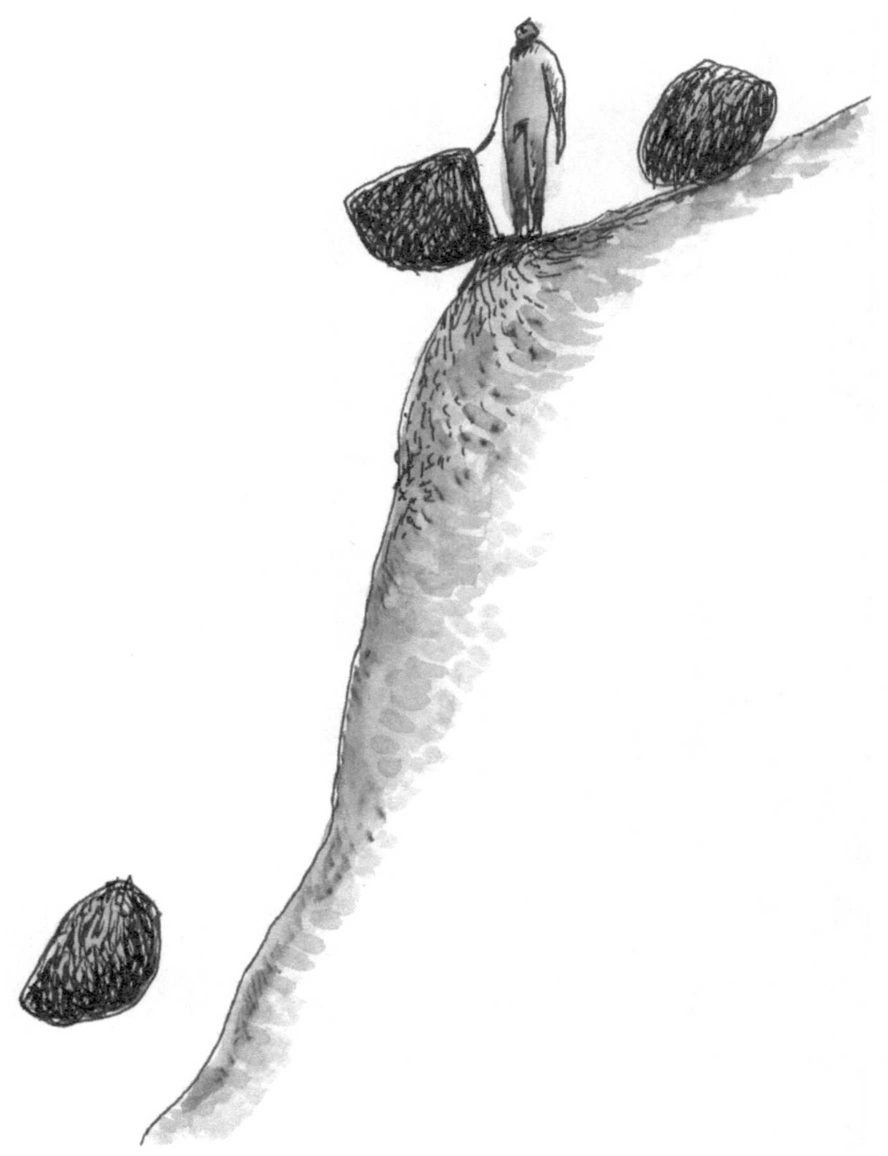

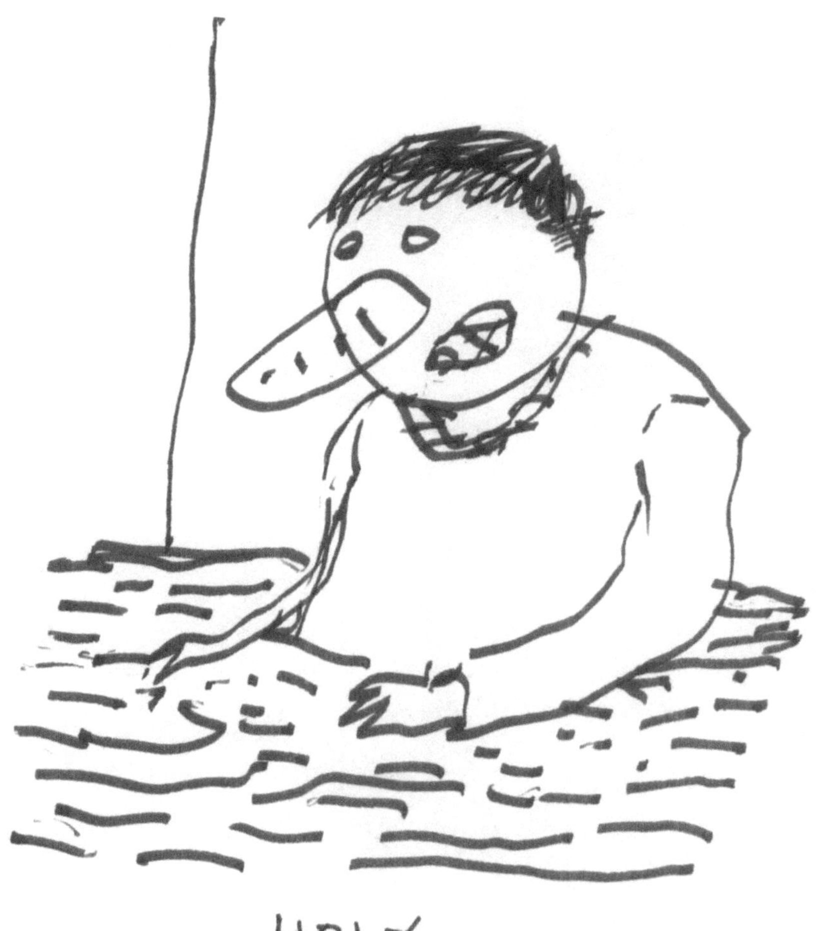

HOLY

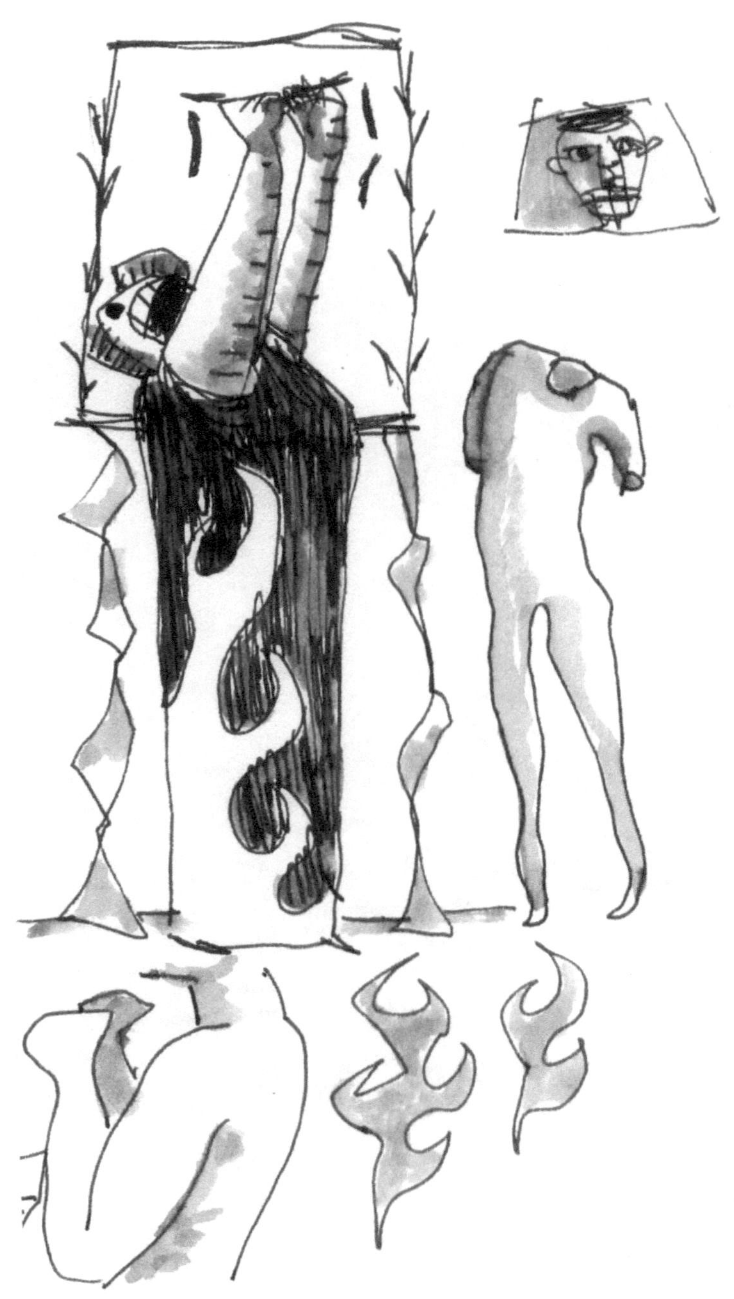

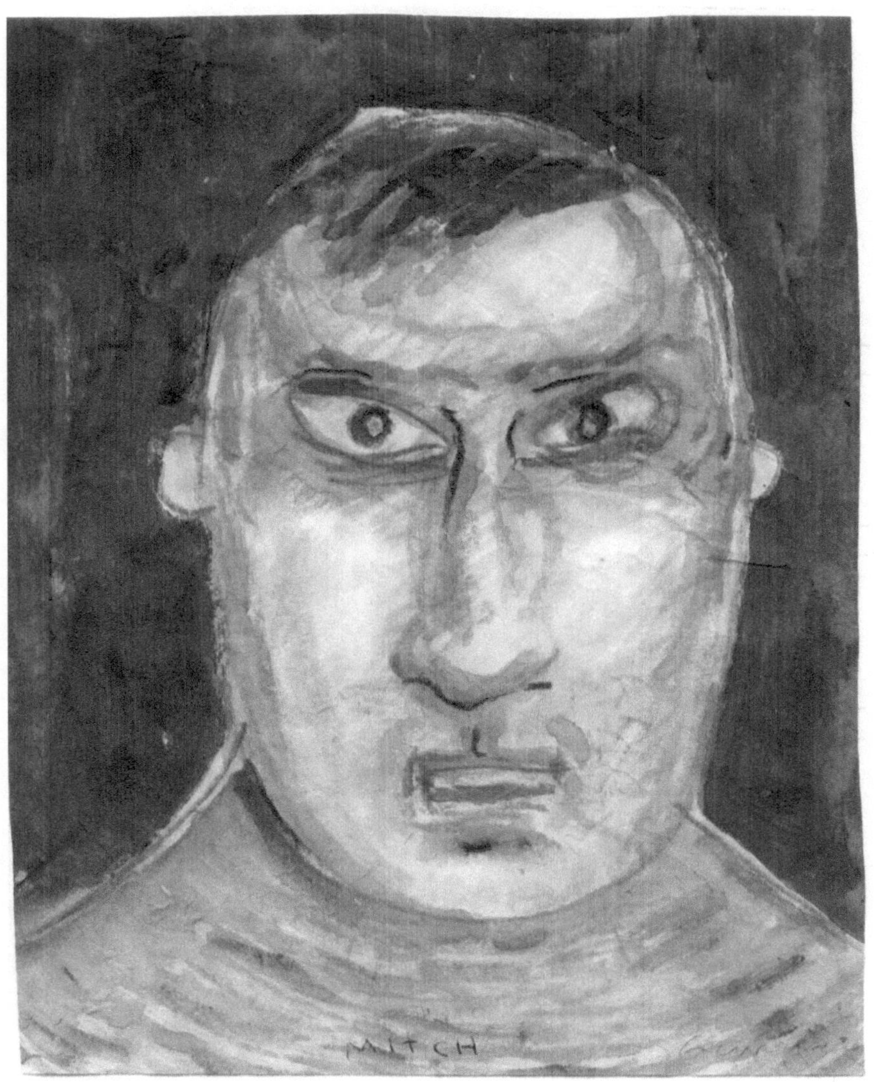
MITCH

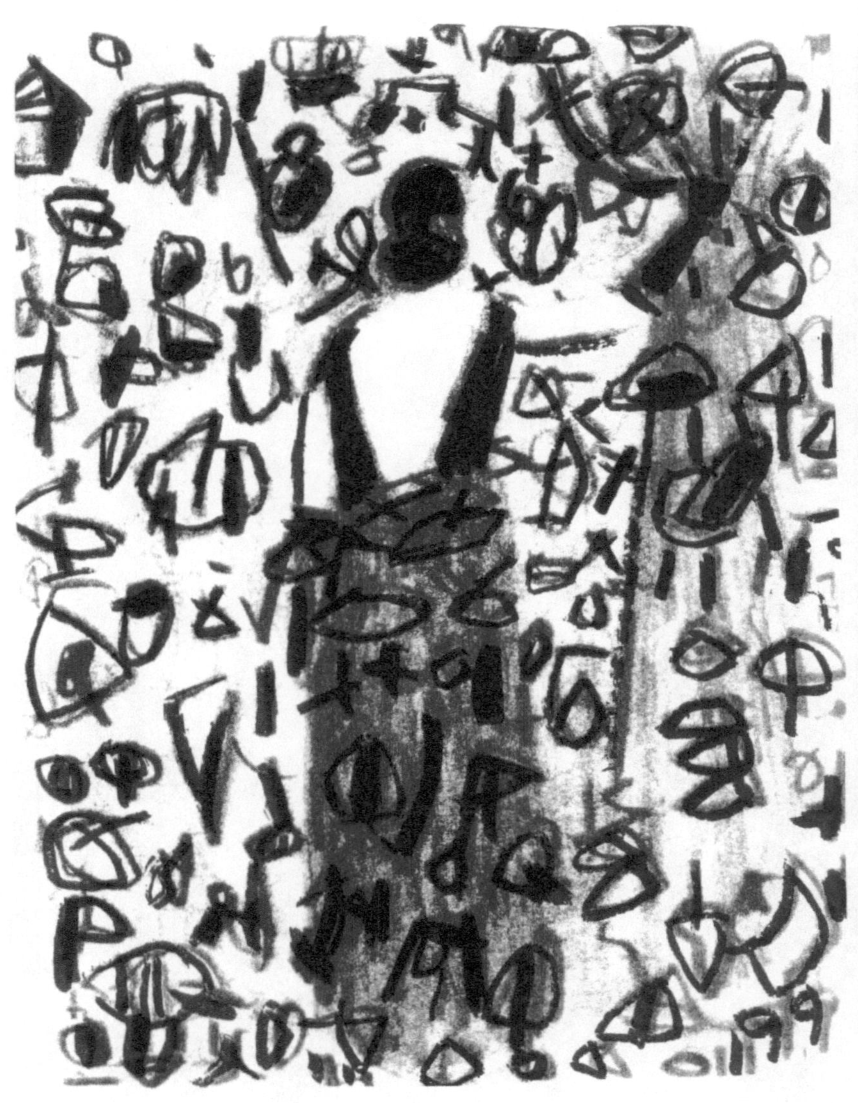

TORMENTA ROCOCO

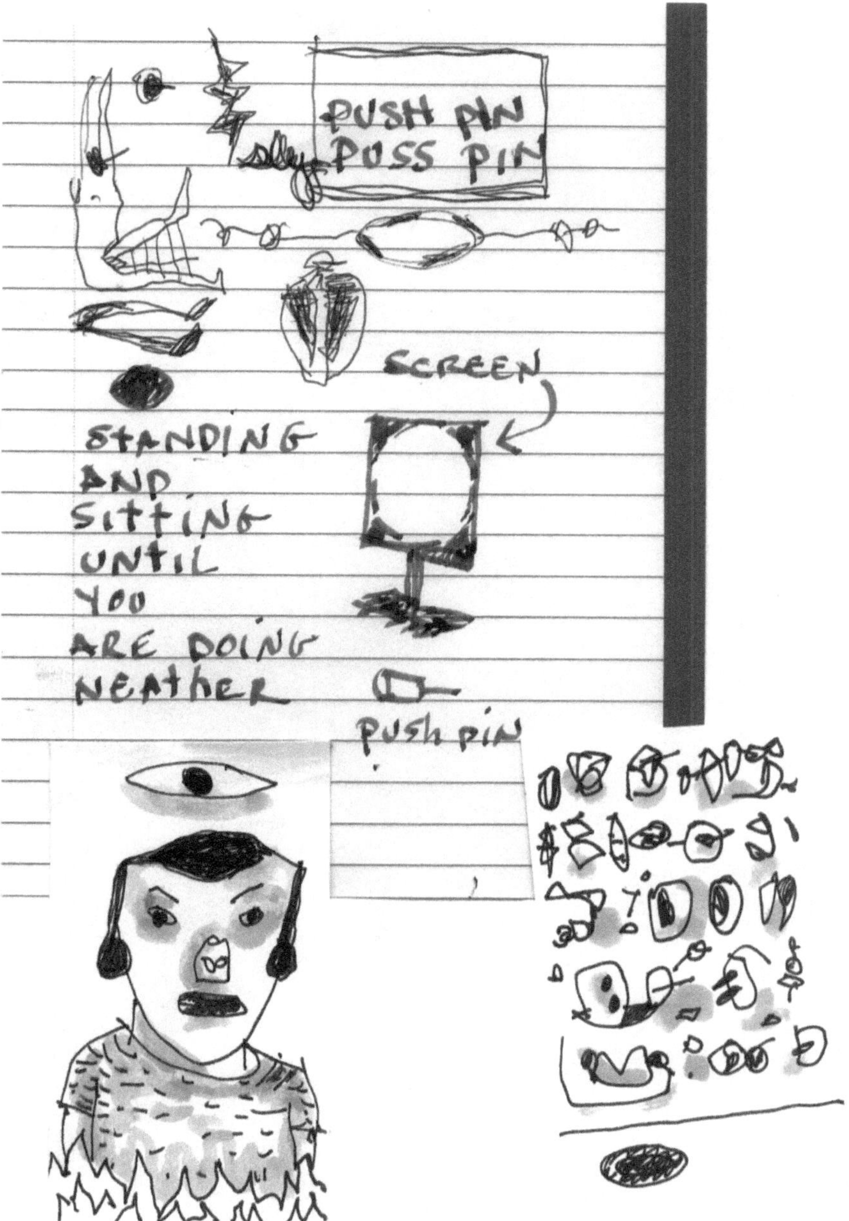
PUSH PIN
PUSS PIN
SCREEN
STANDING
AND
SITTING
UNTIL
YOU
ARE DOING
NEATHER
PUSH PIN

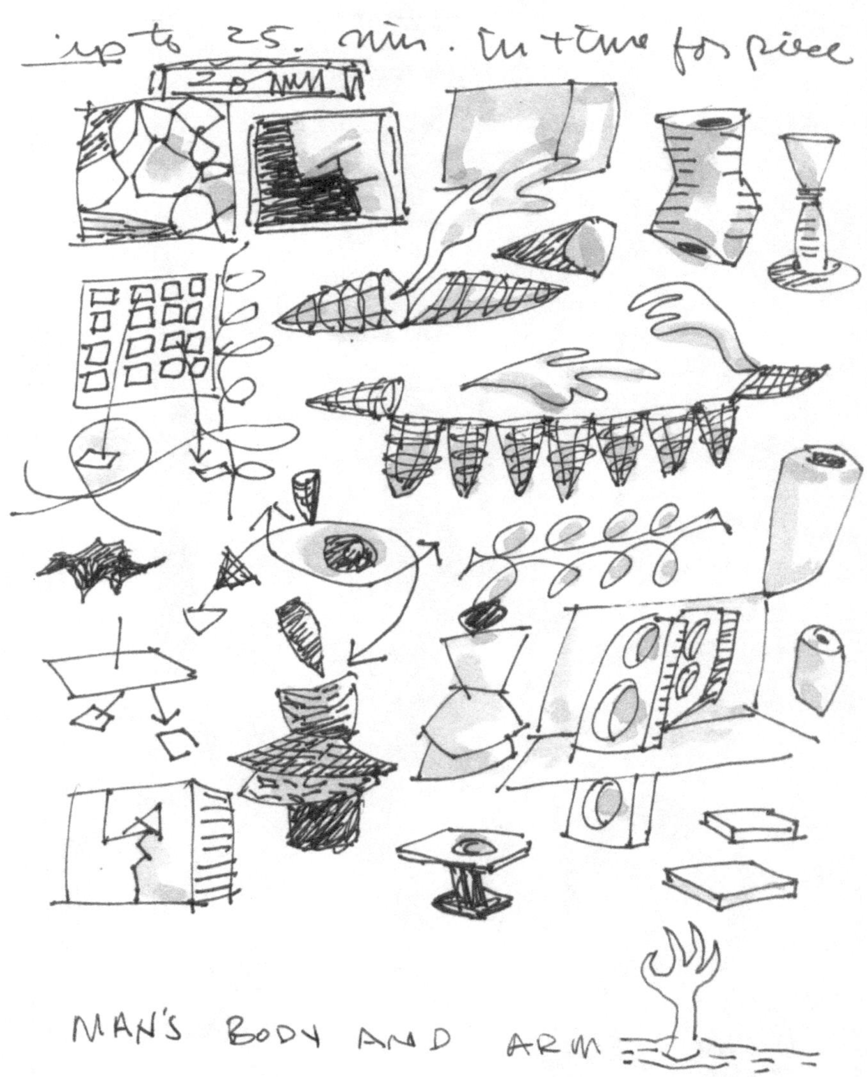
up to 25. min. In time for piece
MAN'S BODY AND ARM

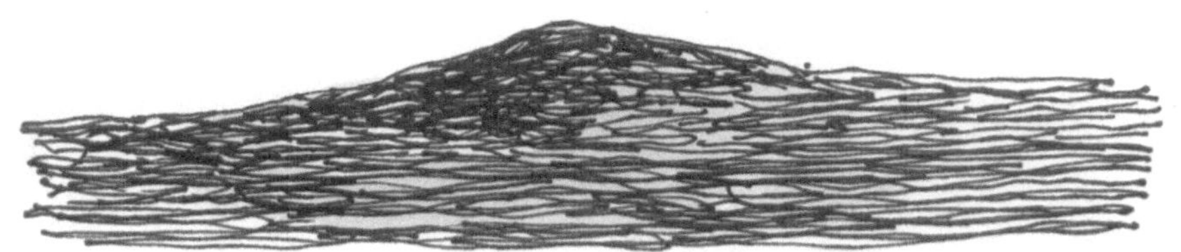

FIN

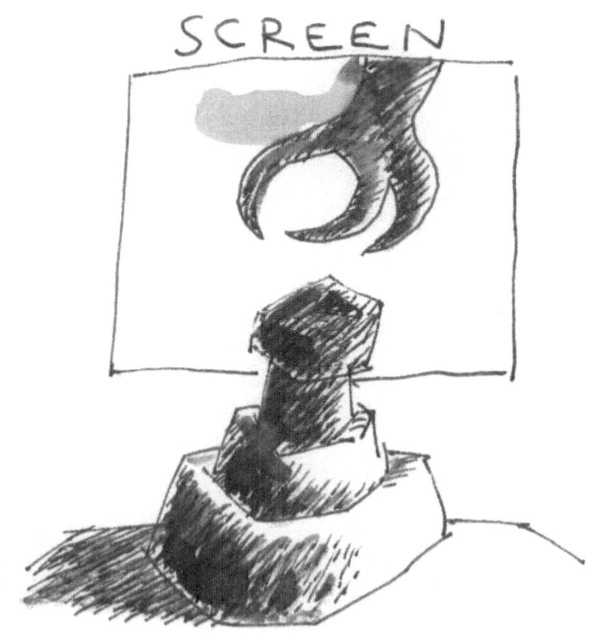

TABLE
LA CARCAGNE

GRONK is a Chicano painter, printmaker, and performance artist who contributes the cover art for What Books Press. Known for his murals, Gronk has created stage design for the Latino Theater Company, the East West Players, the LA Opera, and the Santa Fe Opera, and also has collaborated on music composed for the Kronos Quartet. He has exhibited at or curated work for many museums, including the UCLA Hammer and the Fowler museums, the Los Angeles County Museum of Art, the Corcoran Gallery in Washington, D.C., the National Hispanic Cultural Center in Albuquerque, the San Francisco Mexican Museum, the M.H. de Young Memorial Museum in San Francisco, and the San Jose Museum of Art, and was given a career retrospective at LACMA, where he was in residence. A founding member of ASCO, a multimedia arts collective in the 1970s, Gronk was born in East Los Angeles and now makes his home in downtown LA.